D1917384

AtV

Der Weihnachtsmann hat ausgedient. Nun hat die Weihnachtsfrau das Sagen, doch auch mit einer Weihnachtsfrau verläuft der Heiligabend nicht ganz ohne Komplikationen, wie Barbara Krohn in ihrer Geschichte eindrucksvoll beschreibt. Und Tanja Dückers zeigt auf, daß man(n) den Begriff »Fest der Liebe« auch komplett mißverstehen kann.

Sechzehn ungewöhnliche Weihnachtsgeschichten, aus sechzehn unterschiedlichen weiblichen Blickwinkeln erzählt. Ein Festtagsvergnügen nicht nur für Leserinnen!

Die Weihnachtsfrau kommt

Etwas andere Weihnachtsgeschichten

Herausgegeben von Michaela Rohn

Aufbau Taschenbuch Verlag

ISBN 3-7466-1624-7

4. Auflage 2005
© Aufbau Taschenbuch Verlag GmbH, Berlin 2000
Hinweise zu den Inhabern der Original- und Übersetzungsrechte
am Schluß des Bandes
Umschlaggestaltung Preuße & Hülpüsch Grafik Design
unter Verwendung eines Motivs von Super Stock
Druck und Binden GGP Media GmbH, Pößneck
Printed in Germany

www.aufbau-taschenbuch.de

Inhalt

Barbara Krohn
Die Weihnachtsfrau

Man hat es nicht leicht. Und Mann schon gar nicht, dachte Heinrich, wie immer, wenn er auf dem Bett lag, mit einem Hang zum Pathos. Am schlimmsten aber ist es vor Weihnachten, dachte er weiter, wenn das Jahr sich seinem Tiefpunkt entgegenneigt und man unwillkürlich, ohne sich widersetzen zu können, mit hinabgleitet, denn die Tage werden kälter und kürzer, die Bäume kahler und grauer, die Sonne zieht ihre Strahlen ein, und wo bleibt da der Halt! Man rutscht auf dieser schiefen Ebene nach unten, dem vierundzwanzigsten entgegen, und je mehr man sich wehrt und strampelt, desto unsanfter landet man, denn am Ende warten doch die Weihnachtsmänner und der Kerzenschein. Insbesondere, wenn man Kinder hat. Noch dazu drei. Das wirkte dann doppelt und dreifach. Sie waren unwiderruflich in der Übermacht.

Ob man will oder nicht, dachte Heinrich, irgendwann holt einen die Kindheit doch wieder ein. Dabei hatte er zehn Jahre lang hochmotiviert und mit ungebrochener Überzeugung daran gearbeitet, Weihnachten abzubauen, spätestens ab Mitte Oktober die Innenstadt mit ihren unzähligen geklonten Weihnachtsmännern zu meiden, seine Nase vor Gewürzmischungen, seine Augen vor Lichterketten, seine Ohren vor festlichen Kinderchören zu schützen (nur auf Dominosteine konnte er einfach nicht verzichten). Mit Anfang Zwanzig hatte er sich am Heiligabend noch zu Karpfenessen und Geschenketausch bei den Eltern eingefunden, später wurde dieser berühmt-berüchtigte Tag komplett boykottiert, in irgendeiner WG wurde dann ein Essen veranstaltet, zu dem alle befreundeten Weihnachtsverschmäher, Familienmuffel und Tannenbaumgeschädigten eingeladen wurden (von denen die meisten mitten in einer Therapie steckten oder sich schon aus dem Gestrüpp verzwackter Phantasien herausgewurstelt hatten). Heinrich erinnerte sich an den Austausch kleiner Geschenke – Betonung auf *klein* – unter Freunden und maximal eines; unter anderem galt es ja dem Konsumrausch wenigstens vor der eigenen Tür Einhalt zu gebieten, dem kleinstdenkbaren Machtbereich, denn wenn man schon nicht die ganze Welt verändern konnte, dann sollte sie mit ihren wenig geschätzten Gepflogenheiten wenigstens draußen bleiben. Man saß beieinander, im Hintergrund leise Musik, kein Jingle Bells, auch nichts Klassisches, eher die Keith-Jarrett-Variante, man unterhielt sich, aß irgend etwas Leckeres, auf keinen Fall Karpfen oder Würstchen mit Kartoffelsalat (die Bandbreite der diesbezüglichen Animositäten hielt sich im Rahmen), zum Nachtisch höchstens einen Christstollen, den die Oma aus Nürnberg oder Frankfurt oder Bielefeld geschickt hatte. Später las man einander etwas vor, aber um Himmels willen nicht die Weihnachtsgeschichte, die die meisten von ihnen früher mit andächtiger Stimme hatten zum Besten geben müssen, Jahr für Jahr, sondern eine Passage aus Benjamins Passagenwerk oder ein Gedicht von Brecht oder eine Kurzgeschichte von egal wem, die irgendwer mitbrachte, etwas sozial Verträgliches, Konsumkritisches, Auszüge aus Borcherts ›Draußen vor der Tür‹.

Als Heinrich Kristin kennenlernte, waren sie im ersten Jahr am Heiligabend ins Kino gegangen und hatten gleich fünf Filme nacheinander gesehen, bis sie ganz besoffen waren vom Bilderrausch und den Rest der Heiligen Nacht auf der Reeperbahn an sich vorbeirauschen ließen. Im Jahr darauf waren sie nach Palma geflogen und hatten den vierundzwanzigsten unter Palmen verbracht (wenngleich neben der Rezeption der Appartementanlage ein üppig ausgestatteter Tannenbaum prangte). All die Printen ab Ende September und die Schokoweihnachtsmänner ab Mitte Oktober hatten ihn und Kristin kaltgelassen, obwohl es in dieser Jahreszeit doch schon kalt genug war und ein wärmendes Weihnachten als eine beseeligende Erfindung betrachtet werden konnte – für nördliche Breiten geradezu wie geschaffen.

Aber er und Kristin hatten ja sich, und da war genug Wärme entstanden, Hitze im Überfluß, daß die Funken sprühten, ein Feuerball täglich neu entstehender Lust – und in diesem Rausch dann die Kinder, alle im September zur Welt gekommen, erst eins, dann zwei, dann drei, dann … Heinrich starrte zur Decke und stieß den Rauch seiner Zigarette aus. Seit knapp zwei Jahren rauchte er wieder. Und mit jedem Kind ist die Zigarette etwas kürzer geworden, dachte er, nein, was dachte er sich da zusammen in dem Versuch, wie früher Rauchringe zu blasen, selbst das hatte er verlernt, selbst das war ihm vergangen, nur Weihnachten nicht, Weihnachten kam alle Jahre wieder, wo war er stehengeblieben? Ach ja. Die Kinder. Die Liebestöter. Die im Laufe von nur sechs Jahren alle Wärme aufgebraucht hatten, die er und Kristin in den Jahren zuvor hatten speichern konnen. Die sie bis ans Ende der Welt und ans Ende ihrer Tage stets aufs neue glaubten, entstehen lassen zu können. Aber die Kinder waren eins nach dem anderen unter die gemeinsame Decke gekrochen, unter die Decke ihrer alles schützenden Liebe, hatten sie gelüpft, so daß es darunter nach und nach klamm geworden war, immer kälter, kalt, eiskalt, und kein Weg zurück. Irgendwann, als die Temperaturen zwischen ihnen sich um die fünf Grad Celsius eingependelt hatten, hatte Kristin ihre Koffer gepackt und war geflohen. Bevor der Gefrierpunkt erreicht wäre, hatte sie gesagt. Bevor sie selbst vor lauter Kälte fühllos werden würde. Das käme niemandem zugute, ihm nicht, den Kindern nicht. Gesagt, getan. Zum Auftauen hatte sie sich nach Kalifornien abgesetzt, von wo aus sie seit nun schon fast einem Jahr periodisch Postkarten schickte, schöne bunte Bilder mit blauem Himmel und Palmen und Wellenreitern, zuletzt zum Nikolaustag. Die Post war jedoch nie an ihn adressiert, was ihn immer wieder verletzte, sondern immer an die Kinder. Dabei konnte nur Nicholas, der Älteste, inzwischen selbst lesen, aber keine Schreibschrift, was bedeutete, daß Heinrich selbst Kristins Postkarten vorlesen mußte und darin auch die verschlüsselten Mitteilungen an ihren ehemaligen Lebensgefährten. Denen er, wenn er wollte, entnehmen konnte, daß sie ihn nicht vermißte. Daß sie es nicht bereute. Daß auch sie wieder angefangen hatte zu rauchen, wie er mit Genugtuung las. Daß sie in Kalifornien wieder freier durchatmen könne, wie sie schrieb. Daß sie nicht die Absicht hatte, vor Jahresende wieder nach Hause zu kommen.

Damit stand zum ersten Mal ein Weihnachten vor der Tür, das Heinrich allein zu bewältigen hatte. Und das bedeutete: die Weihnachtskrippe aufzubauen und sie mit einem Gummitierzoo aus Eseln, Elefanten, Fledermäusen, Krokodilen, Dinosauriern auszustaffieren; Weihnachtsplätzchen zu backen mit allem Drum und Dran, kneten, ausrollen, ausstechen, Zuckerguß und einer Menge Mehl in der ganzen Wohnung; Weihnachtslieder zu singen, die die Kinder aus dem Kindergarten und aus der Schule mit nach Hause brachten; sich die Wunschzettel der Kinder zu schnappen (wobei ›Flug zum Mond‹ und ›ferngesteuerte Frühstücksmaschine‹ unmöglich zu beschaffen waren), sich einen Nachmittag freizunehmen und in den Innenstadtrummel zu stürzen, sich an billig kostümierten Weihnachtsmännern vorbei in die jinglebells-erfüllten Kaufhäuser zu stürzen, auch stellvertretend für Kristin jede Menge Geschenke zu ergattern und ganz irre zu werden angesichts der Lichterketten und Gewürzmischungen und Vorfreude. Das bedeutete letztlich auch, einen Weihnachtsbaum zu organisieren. Heinrich setzte wie in den vergangenen Jahren (alle Jahre wieder! dachte er) alle Hoffnungen auf die Grünmüllsammelplätze der Stadt, wo er bisher stets am vierundzwanzigsten mittags irgendwelche noch mit Lametta behängten Betriebsfeiertannen hatte ergattern können.

Er löste den Blick von der Zimmerdecke, richtete sich auf dem Bett auf, drückte die Zigarette aus. Es holt einen alles wieder ein, dachte er resigniert. Man hat es wirklich nicht leicht. Und der Gipfel ist der Weihnachtsmann. Denn seine Kinder wünschten sich in diesem Jahr keinen gewöhnlichen Weihnachtsmann, der in der Tat zum Allergewöhnlichsten gehörte, das ein Kind im Monat Dezember vor Augen hatte, ein restlos ordinäres Wesen, dem alles Geheimnisvolle, Rätselhafte, Winterwaldige längst abgefilmt, abfotografiert, abgescanned, abgerissen (welches karnevalgestählte Kind fürchtete sich noch vor einem weißen Polyesterbart?), sogar weggegessen und natürlich weggeguckt worden war. Weihnachtsmänner sind blöde, hatte die fünfjährige Melanie gesagt, die zur Zeit nur mit Mädchen spielte. Nicholas hatte mit seinen sieben Jahren nur wissend und ein wenig abschätzig gelächelt, als die Sprache auf den Weihnachtsmann kam, denn er wußte natürlich, daß sowieso die Erwachsenen dahintersteckten, was sollte also das ganze Trara, seinetwegen konnte man die Kleinen für dumm verkaufen, aber ihn schon längst nicht mehr, und überhaupt (dazu dieses altkluge Grinsen, das er sich angewöhnt hatte, seit er zur Schule ging): Woher weiß man denn, daß das ein Mann ist? (Wahrscheinlich eine Suggestion seiner Klassenlehrerin, die auch den Ethikunterricht abhielt.) Und Emil, drei Jahre alt, hatte die Diskussion weltwissend abgerundet: Pah, ein Weihnachtsmann, den hat doch jeder! Ich will eine Weihnachtsfrau! Ja, ja, eine Weihnachtsfrau! hatte auch Melanie gejubelt. Und Nicholas hatte ihn halb lauernd, halb triumphierend angesehen, als wollte er sagen: Na, was machst du jetzt? Bin mal gespannt, wie du dich aus der Affäre ziehst.

Ich auch, dachte Heinrich. Eigentlich konnte er durchaus zufrieden sein mit dieser Wahl seiner Kinder, zeugte sie doch von Individualismus, Charakterstärke, Aufgeklärtheit, Emanzipation und Widerstandsgeist zugleich. Das Problem war ein ganz anderes: Wo bekam man eine Weihnachtsfrau? Heinrich hatte mit sämtlichen Vermittlungszentralen für Weihnachtsmänner telefoniert – überall waren ausschließlich männliche Personen im Angebot, und selbst die wurden so kurz vor Weihnachten immer rarer. Die Anfrage nach einer Frau hatte Belustigung ausgelöst, teilweise auch Befremden. Eine der Telefondamen hatte Mitleid mit Heinrich gehabt und ihm den letzten verfügbaren männlichen Weihnachtsmann in Frauenkleidung angeboten, allerdings komme er aus Georgien und spreche kaum deutsch. Heinrich hatte abgelehnt und es daraufhin in seinem Freundeskreis versucht, doch man ging am Heiligabend nicht mehr zu einem Essen unter

Freunden, dem problemlos ein Auftritt als Weihnachtsfrau hätte vorausgehen können, man wohnte nicht mehr in Wohngemeinschaften, man fuhr mit den Kindern zu den Großeltern, man verbrachte den Abend zu zweit, war unabkömmlich. Die Zeiten hatten sich geändert. Vielleicht waren sie alle auch nur älter geworden. Oder er kannte die falschen Leute. Die Nicht-Weihnachtsmänner, die Nicht-Weihnachtsfrauen.

Und nun stand er dumm da, saß stumm und dumm und ratlos auf der Bettkante. Einmal werden wir noch wach, heissa, dann ist Weihnachtstag, klang ihm das Liedchen, das Melanie den ganzen langen Abend vor sich hingeträllert hatte, wie Spott in den Ohren. Er mußte etwas tun, mußte etwas dagegen tun, auch gegen dieses Lied, andere Musik mußte her, und ein Bier und eine andere Umgebung als die Zimmerdecke und die Bettkante und das sinnlose Ausstoßen von Rauchringen und Gedanken. Wut stieg in ihm auf, Wut auf Weihnachten im allgemeinen, Wut auf sich selbst, der dieses ganze Theater mitmachte und sich tage- und wochenlang den Kopf zerbrach und mit Weihnachtsmannvermittlungszentralen telefonierte, Wut natürlich auf Kristin, die ihn allein gelassen hatte, damit und mit allem anderen, und als er die geballte Kraft seiner Wut in sich spürte, kam dieser Satz einhergesprungen, leichtfüßig, der ihm in allen schwierigen Situationen durchs Leben geholfen hatte: Das wäre doch gelacht!

Kurz entschlossen nahm er das Babyphon und eine Flasche Wein (Mosel hatte sich bewährt), klingelte bei der Nachbarin im zweiten Stock, einer alleinstehenden älteren Dame, die sofort nach Kristins Weggang ihre Hilfe angeboten hatte: Wenn einmal Not am Mann sei, oder eher Not an der Frau, hatte sie verschmitzt zwinkernd gesagt, dann solle er sich ruhig an sie wenden, sie sei abends immer da und passe gerne auf, überhaupt, wie er als Mann das alles schaffen wolle. Diese Frage hatte sich ihm gar nicht gestellt. Er hatte gar keine Zeit gehabt, sie sich zu stellen. Er konnte ja nicht auch alles stehen- und liegenlassen wie Kristin, vor knapp einem Jahr, genauer gesagt am zweiten Januar: als wäre es ein Vorsatz, den sie zu Silvester gefaßt hatte, ein Versprechen, das eingehalten werden mußte – mit dem Rauchen aufhören, zweimal pro Woche joggen gehen, regelmäßig beten, ultimativ den Schreibtisch aufräumen, sich von den Zwängen befreien, die einen zu ersticken drohen, und sei es die Familie ... Heinrich hatte gar keine andere Wahl: einer mußte ja durchhalten, mußte alles durchstehen, auch Weihnachten, man hatte Kinder, man (Mann!) hatte eine Verantwortung übernommen, stand in der Verpflichtung. Von Vaterliebe einmal ganz zu schweigen.

Er ging in seine Stammkneipe – wenn ›Stammkneipe‹ hieß, daß man einmal im Monat eine Stunde am Tresen stand und sich bei ohrenbetäubendem Lärm schnell hintereinander zwei Pils reinzog. Ausgerechnet eine Weihnachtsfrau, dachte er verzweifelt und hatte das erste Pils schon fast geleert. Ausgerechnet eine Frau! Das ist ja noch utopischer als eine ferngesteuerte Frühstücksmaschine! Er versuchte zum x-ten Mal die Gläser zu zählen, die sich auf den Glasregalen spiegelten, seine Art von Meditation, und wohin sollte er sonst starren. Mit den Frauen bin ich fertig, hatte er in seinem Zorn gedacht, als die Mutter seiner Kinder das Weite gesucht hatte. Eine Frau kommt mir nicht mehr ins Haus! Schon eine Woche später hatte er dieses Versprechen über Bord werfen müssen, denn wie anders sollte er allein mit dem Haushalt fertig werden und mit dem ganzen Dreck, den eine vierköpfige Familie produzierte, als mit einer Frau, was hieß hier einer, mit vielen Frauen: der Putzhilfe, den wechselnden Babysitterinnen, der vorübergehend angereisten Schwiegermutter, der Nachbarin, gar den Müttern der Freunde und Freundinnen seiner Kinder, wenn sie zum Bringen oder zum Abholen kamen. Das waren natürlich nicht die Frauen, die er meinte. Diese Frauen waren alle schon verplant, vergeben, mit einer Funktion versehen. Waren keine Frauen, die sich zu ihm ins Bett legen würden (oder etwa doch?). Waren nicht frei genug, um von ihrer Freiheit ein Stück abzuzwacken für die drei kleinen Kinder eines alleinstehenden Vaters und für den Vater obendrein. Nur ein kleines Stückchen, seinetwegen für Freitagabend und Samstagvormittag, mehr mußte es gar nicht sein – nur nicht länger, er tat es mit dem Zeitargument ab, dazu habe er gar keine Zeit, sagte er sich stets, eine Frau komme ihm sowieso nicht mehr ins Haus, und darunter verstand er etwas Langfristiges. Darunter verstand er Kristin. Wenn er abends einmal Zeit hatte und auf dem Bett lag und rauchte und sich nicht gerade den Kopf zerbrach über Kristins Postkarten aus Kalifornien und Weihnachtsgeschenke und Weihnachtsfrauen, oder wenn er einmal im Monat abends in der Stammkneipe stand und Gläser zählte und ein Pils trank, dann überwog mal die Wut und mal die Sehnsucht. Aber noch nie war es ihm gelungen, die Wut in der Sehnsucht aufzuheben oder die Sehnsucht in der Wut und genau in dem Moment auch noch eine passende freie Frau kennenzulernen, von denen es laut Zeitungsberichten doch so viele geben mußte. Wo waren sie nur, die vielen freien Frauen?

Sein Nachbar am Tresen, der ebenso einsam auf dem Barhocker vor seinem Bier saß und zum Rhythmus der

Musik mit dem Kopf wippte, sagte irgend etwas zu ihm, das er bei dem Geräuschpegel nicht verstand.

Was hast du gesagt? brüllte er gegen einen Rap an. Was du dir zu Weihnachten wünschst, brüllte sein Nachbar zurück. Und ohne eine Antwort abzuwarten und ohne Scham gleich hinterher: Ich wünsche mir eine Frau. Nicht aus Schokolade, aber zum Reinbeißen. Fest der Liebe! Haha. Daß ich nicht lache.

Dann trank er sein Bier in einem Zug leer und bestellte ein neues. Heinrich verzichtete auf eine Antwort, rutschte von seinem Barhocker, drängelte sich zum Fenster durch. Er haßte diese Art Tresengespräche. Einsame Männerherzen unter sich. Er wollte das nicht hören. Und er hatte keinen Platz für Wünsche. Was wünschst du dir zu Weihnachten ... Die Frage klang ebenso anachronistisch wie die Frage nach den Vorsätzen fürs neue Jahr. Was schon ... weitermachen. Durchhalten. Vatersein. Weihnachtenfeiern. Einmal im Monat ein Bier. Aber eine Frau?

Sie drehte dem Kneipengeschehen den Rücken zu, trank ein Glas Wein und starrte zum Fenster hinaus. Es war inzwischen sehr voll geworden. Ein letzter Rausch, bevor das Jahr mit Christstollen und angebrannten Gänsen und schwelendem Familienstreit und vielen guten Mienen zu welchem Spiel auch immer zu Ende ging. Er stellte sich neben sie. Auf der Fensterbank lagen Veranstaltungsblätter, er warf einen Blick auf das Kinoprogramm: Heiligabend geschlossen. Auch das war früher anders, dachte Heinrich. Er sah ebenfalls aus dem Fenster, das auf der Höhe des Gehwegs lag, denn die Kneipe befand sich im Souterrain: ein Stück Bürgersteig, Straßenasphalt, geparkte Autos, gegenüber eine Hauswand. Ab und zu Beine mit Schuhen. Dann fing es an zu schneien.

Er sah den Schneeflocken zu, die wie ein Geschenk des Weihnachtshimmels in die dunkle Kulisse schwebten, immer dichter, bis eine hauchdünne weiße Schicht auf allem lag und die Nacht heller machte. Lange stand er dort und sah zu und verspürte ein Wohlsein wie schon lange nicht mehr, vor sich die Kälte der Dezembernacht, hinter sich die sich aufladende Hitze der Kneipenbesucher.

Es schneit, sagte die Frau neben ihm.

Er nickte: Da könnte die Weihnachtsfrau auf dem Schlitten vorfahren.

Dann lachten sie beide und bestellten noch ein Bier und sahen gemeinsam aus dem Fenster. Später hörte es auf zu schneien. Als sie auf der Straße standen, war der Himmel klar und die Luft so kalt, daß die Lungen beim Atmen schmerzten, eine Stimmung für Wollmützen und Fäustlinge und rote Backen und ein erstes taubes Gefühl auf den Lippen, das ebensogut von einem Kuß stammen konnte.

Sie kam wie verabredet gegen siebzehn Uhr. Es war bereits dunkel und hatte seit dem frühen Morgen unaufhörlich geschneit. Die Kinder hüpften aufgeregt durch die Zimmer, so wie Kinder es an Weihnachten tun, und als Heinrich das sah, fing sein Herz an mitzuhüpfen, und der ganze Vorweihnachtsstreß fiel dabei Hüpfer für Hüpfer von ihm ab. Noch am Morgen hatte er die letzten Geschenke gekauft, war dann noch einmal aus dem Haus gegangen, um Geschenkpapier zu besorgen, denn in Zeitungspapier Gewickeltes erinnerte an Fisch oder Salat vom Markt. Geliebte und Freunde mochten das durchaus zu schätzen wissen, Kinder wohl kaum, und bei Weihnachtsfrauen wußte er das nicht zu sagen.

Nach fast dreistündiger Suche war Heinrich dann mit einer sehr mickerigen, abgerupft wirkenden kleinen

Fichte nach Hause gekommen, der er (wie von Pettersson und Findus abgeguckt) mit Hilfe von Holzleim und Bohrer drei zusätzliche Äste verpassen mußte, bevor sich etwas dranhängen ließ. Die Kinder hatten den Baum, wie es sich für den Anlaß gehörte, in Frieden und Eintracht (und ebenfalls im Pettersson-Findus-Stil) geschmückt, zwischendurch Unmengen an Dominosteinen, Spekulatius und selbstgebackenen Weihnachtsplätzchen in sich hineingestopft, die dem alleinerziehenden, schwer geprüften Vater von unzähligen Müttern mitleidig zugesteckt worden waren, und warteten nun hüpfend auf das Klingeln der Glöckchen der Rentiere, die den Schlitten der Weihnachtsfrau zogen (Emil und Melanie kichernd, Nicholas unter spöttischem Zweifel). Als es dann tatsächlich um Punkt fünf an der Tür läutete, verkrochen sie sich alle drei hinter Heinrichs Rücken, und einen Moment lang hätte Heinrich das am liebsten auch getan.

Er öffnete die Tür, und auf der Schwelle stand ein Rauschgoldengel in Rot. Ihm blieb regelrecht die Luft weg, so wunderschön sah sie aus.

Die Weihnachtsfrau, flüsterte Nicholas mit weit aufgerissenen Augen. Die beiden Kleinen nickten. Wenn der große Bruder es sagte, dann stimmte es gewiß, dann hatten sie recht gehabt, Weihnachten war kein abgekartetes Spiel der Erwachsenen, es gab darin tatsächlich ein Geheimnis, das hier vor ihnen stand, und all die Weihnachtsmänner vor den Kaufhäusern waren unecht gewesen. Die Weihnachtsfrau trug ein weinrotes, eng geschnittenes Samtkostüm mit einem dunklen Kunstpelzkragen, die am Abend zuvor hochgesteckten rotbraunen Haare glitzerten naß vom Schnee und wallten offen und lockig über die Schultern. In hohen schwarzen Lederstiefeln betrat der Rauschgoldengel in Rot den Flur, auf dem Rücken einen schweren Jutesack, in den Augen ein verschmitztes Strahlen.

Einen Moment lang spürte Heinrich den Impuls, aufzuspringen und ihr den Sack abzunehmen, wie wenn Kristin wieder einmal die Wasserkisten in den vierten Stock hinaufgeschleppt hatte, doch das wäre gegen die Regeln gewesen. Was war denn das für eine Weihnachtsfrau, wenn sie den geheimnisumwitterten Sack mit den Geschenken nicht selbst ins Zimmer trug? Er hielt sich also zurück.

Bitte, liebe Weihnachtsfrau, komm nur herein, sagte Heinrich unsicher. Der Wortlaut erinnerte ihn an seine Kindheit, nur dröhnte seine Stimme weniger als die seines Vaters, auch hatte die Weihnachtsfrau keine Rute dabei. Er ging voraus ins Wohnzimmer, wo der zusammengeleimte Weihnachtsbaum mit der Mixtur aus roten und silbernen Gebrauchsgegenständen stand, vom Teei bis zum Haarreif, dazwischen drei, vier Glitzerkugeln. Hoffentlich fragt sie nicht nach einem Gedicht oder einem Lied, durchfuhr es ihn plötzlich, denn das war das ihm bekannte Gebaren der ihm bekannten Weihnachtsmänner: Na, mein Kleiner, warst du denn auch schön brav? – aus ihrem Mund eine durchaus perfide Frage. Und als Antwort das allbekannte: Von drauß vom Walde komm' ich her …

Kommst du aus dem Winterwald? Wo sind deine Rentiere? Hast du auch Geschenke dabei? fragte nun Melanie.

Der dunkelrote Rauschgoldengel, mit bürgerlichem Namen Louise, machte die Sache professionell, fand Heinrich. Als hatte sie in ihrem Leben nichts anderes getan, als einen großen Sack zu öffnen und ein Geschenk nach dem anderen hervorzuziehen und eine Aura von Frieden zu verbreiten. Das übliche Gedränge und

Geschubse und Geraffe und Geweine blieb aus, kein hastiges Zerreißen von Papier, keine Tränenausbrüche, weil die Haare der Barbie-Puppe die falsche Farbe hatten, weil doch kein Game-Boy dabei war. Heinrich war verblüfft und beeindruckt zugleich. Vielleicht lag es daran, daß die Weihnachtsfrau rundum echt war. Keine falschen Haare, kein falscher Bart, kein falsches Engelslächeln, keine falschen Drohungen, keine falschen Versprechungen. Vielleicht lag es auch daran, daß überhaupt eine Frau im Haus war, keine Putzfrau, keine Aufpaßfrau, keine Hausfrau.

Als alle Geschenke verteilt waren und die Weihnachtsfrau Anstalten machte zu gehen – zu ihren imaginären Rentieren, dachte Heinrich mit einem plötzlichen Aufblitzen von Eifersucht, zu ihren unzähligen eingebildeten anderen Kindern, die auf eingebildete Geschenke warten, und was ist mit mir, wo bleibt mein Geschenk, wo bleibe ich, wo bleiben wir … –, hängten sich die drei Kinder an Louise und baten um eine Geschichte. Aus dem Winterwald. Das hätte er sich früher nicht getraut, dachte Heinrich. Auch hätten die Weihnachtsmänner früher keine Geschichte zu erzählen gewußt, so wie Louise jetzt mit samtiger Stimme eine Geschichte erzählte, von Rentieren und Elfen und Schneehasen und Wölfen. Danach stand sie auf, verabschiedete sich und ging – ohne Ermahnungen und wohlmeinende Ratschläge, die betretenes Schweigen hervorrufen würden, ohne verschwörerischen Seitenblick zu Heinrich, an dem er sich hätte festhalten können.

Die Kinder hatten sich wieder den Geschenken zugewandt. Heinrich zitterten die Knie, als er am Fenster stand und ihr nachsah, in ihrem dunkelroten Samtkostüm, den schwarzen Stiefeln, den rotbraunen Haaren, und er wünschte, sie würde sich umdrehen und doch noch winken. Es sah doch niemand. Die Kinder schon gar nicht. Nur ein kleines Zeichen, das ihm sagte, daß sie wirklich wiederkäme. Daß auch auf ihn ein Geschenk wartete, am späten Abend, ganz für ihn allein, zum Auswickeln, zum Entblättern, zum Anschauen, zum Anfassen, zum Bewundern, zum Behalten ... Natürlich, sagte er sich sogleich, kann eine Weihnachtsfrau nicht bleiben: per definitionem, versuchte er sein Verlangen mit ein wenig Alltagslatein zu besänftigen. Weihnachtsleute waren Männer und Frauen, die kamen und dann wieder gingen, weil sie anderes zu tun und viele Menschen zu befriedigen hatten (oder zu befrieden? überlegte er). Die außerdem nur einmal im Jahr kamen, dachte er weiter, zunehmend irritiert, denn natürlich hatte er insgeheim ein bleibendes Geschenk im Sinn, bleibende Geschenke waren wahre Geschenke, Geschenke nahm man nicht wieder mit. Aber Weihnachtsmänner, Weihnachtsfrauen ... Es war gar nicht erwünscht, daß sie blieben. Die Familien wollten unter sich sein. Das Weggehen und Verschwinden und alljährliche Wiederauftauchen gehörte mit zum traditionellen Mythos der Weihnachtsleute. Sie waren ein geographisch umgrenztes Trugbild, ein Phantom, ein Spiel zum Jahresende, schon in Süddeutschland wurden sie vom Christkind abgelöst, in England ließen sie Geschenke durch den Kamin fallen und zeigten sich gar nicht.

Mit derlei auf Europa ausgedehnten Überlegungen versuchte Heinrich, sein Verlangen zu befrieden (aber eben nicht zu befriedigen), seine Sehnsucht in kontrollierbare Bahnen zu lenken (doch sie fand immer wieder einen Durchschlupf). Er stand da, starrte auf die Spuren im Schnee und konnte nur hoffen, sie würde wiederkommen, wie sie es vereinbart hatten, später, wenn die Kinder schliefen, und sie würde die Stiefel ausziehen und sich die

Schneekristalle aus den Haaren schütteln und für ihn da sein, nur für ihn allein. Und bleiben. Bis zum nächsten Morgen, vielleicht sogar länger. Auch wenn das bedeutet hätte, den Kindern ihren Glauben an die Existenz einer Weihnachtsfrau für immer zu nehmen und das Terrain endgültig den Männern zu überlassen, den echten falschen Weihnachtsmännern mit ihren angeklebten Bärten, den Waldgedichten aus dem Lautsprecher im Kaufhauslift, den fiktiven Rentieren.

Mary Higgins Clark
Der verlorene Engel

Es schneite in der Nacht vor Weihnachten – ein ununterbrochener Strom kleiner Flocken, die auf den nackten Ästen und den Dächern liegenblieben. Im Morgengrauen legte sich der Sturm, und die Sonne brach hier und da einmal durch die Wolken.

Um sechs Uhr stand Susan Ahearn auf, drehte den Thermostat hoch und kochte Kaffee. Zitternd hielt sie die Hände über die Tasse. Sie fror ständig. Das kam sicherlich daher, weil sie soviel abgenommen hatte, seit Jamie verschwunden war.

Einhundertzehn Pfund waren einfach zuwenig für ihre ein Meter siebzig. Ihre Augen hatten das gleiche Blaugrün wie Jamies. Doch im Moment schienen sie zu groß für ihr Gesicht. Ihre Backenknochen traten hervor. Selbst das kastanienbraune Haar schien noch dunkler geworden zu sein und betonte ihr blasses und verhärmtes Aussehen, das zu einem Dauerzustand geworden war.

Sie fühlte sich so unendlich viel älter als achtundzwanzig. Vor drei Monaten, an ihrem Geburtstag, hatte sie den ganzen Tag damit verbracht, einer falschen Spur nachzujagen. Das Kind, das in einem Pflegeheim in Wisconsin entdeckt worden war, war nicht Jamie. Sie kroch zurück unter die Bettdecke, während der Wind durch das alleinstehende Haus zweiundzwanzig Meilen westlich von Chicago pfiff.

Das Schlafzimmer machte einen uneingerichteten Eindruck. Keine Bilder an der Wand, keine Vorhänge an den Fenstern, kein Teppichboden oder irgendein Läufer auf dem Kiefernholzfußboden. In der Ecke neben dem Schrank standen planlos aufeinandergestapelte, verschlossene Kisten. Jamie war verschwunden, kurz bevor sie aus diesem Haus ausziehen wollten.

Es war eine lange Nacht gewesen. Die meiste Zeit hatte sie wach gelegen und versucht, die Angst zu vertreiben, die mittlerweile ihr ständiger Begleiter war. Was wäre, wenn sie Jamie nicht finden würde? Was wäre, wenn Jamie zu den Kindern gehörte, die einfach verschwunden blieben? Um die Leere des Hauses, das einsame Stöhnen des Windes und das Klappern der Fenster zu vergessen, begann Susan so zu tun, als ob Jamie da wäre.

»Na, du Frühaufsteher«, sagte sie.

Sie stellte sich Jamie in ihrem rotweißen Flanellnachthemd vor, wie sie durch das Zimmer getrottet kommt und zu ihr ins Bett klettert. »Du hast ja eiskalte Füße …«

»Ich weiß. Omi würde sagen, ich hol' mir den Tod. Omi sagt so was öfters. Du sagst, Omi ist miesepetrig. Erzähl mir die Weihnachtsgeschichte.«

»Komm mir jetzt nicht mit Omi. Ihr Sinn für Humor ist nicht gerade überwältigend.« Sie hatte Jamie in die Bettdecke gewickelt und in ihre Arme genommen. »Also Weihnachten in New York. Nach unserer Spazierfahrt mit der Pferdekutsche durch den Central Park gehen wir ins Plaza Mittag essen. Das ist ein großes, sehr schönes Hotel. Und genau gegenüber …«

»Gehen wir auch in das Spielzeuggeschäft …«

»In das berühmteste Spielzeuggeschäft der Welt. Es heißt FAO Schwarz. Dort gibt's Eisenbahnen, Puppen und Püppchen, Bücher und alles.«

»Ich darf mir drei Geschenke aussuchen ...«

»Ich dachte, wir hätten zwei abgemacht. Also gut, sagen wir drei.«

»Und dann besuchen wir das Jesuskind in Sankt Pats ...«

»Eigentlich heißt die Kirche Sankt Patrick, aber wir Iren sind ja ein freundlicher Menschenschlag. Alle sagen Sankt Pats zu ihr ...«

»Erzähl mir von den drei ... und von den Schaufenstern mit den Märchenfiguren ...«

Susan trank den letzten Rest Kaffee aus. Sie hatte einen Kloß im Hals. Das Telefon klingelte, und sie versuchte den wilden Sprung – Ausdruck ihrer Hoffnung – zu zügeln, bevor sie den Hörer abnahm. Jamie! Hoffentlich ist es Jamie!

Es war ihre Mutter, die aus Florida anrief. Der sorgenvolle Tonfall, den sich ihre Mutter seit dem Verschwinden Jamies angewöhnt hatte, war heute besonders stark zu spüren. Entschlossen zwang sich Susan, positiv zu klingen. »Nein, Mutter. Kein Wort. Natürlich hätte ich dich sofort angerufen ... Es ist für uns alle schwer. Nein, ich bin sicher, daß ich lieber hierbleiben möchte. Vergiß nicht, schließlich hat sie einmal hier angerufen ... Um Gottes willen nein, Mutter, ich glaube nicht, daß sie tot ist. Laß mir Zeit. Jeff ist ihr Vater. Er liebt sie auf seine Weise ...«

Weinend legte sie auf und biß sich auf die Lippen, um nicht in wütende Hysterie auszubrechen – alle Ungeheuer waren entfesselt. Selbst ihre Mutter wußte nicht, wie schlimm es wirklich war.

Bis jetzt waren sechs Ermittlungsverfahren gegen Jeff eingeleitet worden. Der Unternehmer, den sie geheiratet hatte, war in Wahrheit ein international gesuchter

Juwelendieb. Dieses abgelegene Haus in diesem abgelegenen Vorort hatte er gemietet, weil es ein gutes Versteck für ihn gewesen war. Letztes Frühjahr hatte sie die Wahrheit erfahren, als das FBI kam und ihn festnehmen wollte, kurz nachdem er auf eine von seinen »Geschäftsreisen« gegangen war. Er kam nie mehr wieder, also hatte sie das Haus zum Verkauf angeboten. Sie traf alle Vorbereitungen, um nach New York umzuziehen – die vier Jahre, die sie dort am College verbracht hatte, waren die glücklichsten ihres Lebens gewesen. Dann, ein paar Wochen nach seinem Verschwinden, war Jeff in Jamies Kindergarten aufgetaucht und hatte sie mitgenommen. Das war jetzt sieben Monate her.

Auf der Fahrt zur Arbeit wurde sie die Angst nicht mehr los, die der Anruf ihrer Mutter bei ihr ausgelöst hatte. *Glaubst du, daß Jamie tot ist?* Jeff war absolut unfähig, eine Verantwortung zu übernehmen. Als Jamie sechs Monate alt war, hatte er sie allein zu Hause gelassen und war Zigaretten holen gegangen. Und als sie zwei war, hatte er nicht gemerkt, daß sie ins tiefe Wasser hineingewatet war. Ein Rettungsschwimmer hatte sie rausgeholt. Wie sollte er da heute richtig auf sie aufpassen können? Warum hatte er sie mitgenommen?

Das Immobilienbüro war festlich geschmückt für Weihnachten. Sie waren eine nette Mannschaft, die sechzehn Leute, mit denen sie zusammenarbeitete, und Susan freute sich über die hoffnungsvollen Blicke, die sie ihr jeden Morgen zuwarfen. Alle warteten sie auf gute Nachrichten. Heute hatte keiner so richtig Lust zum Arbeiten, aber sie beschäftigte sich, indem sie die Zeitungen nach Geschäftsauflösungen durchsah. Egal, was sie auch tat, es erinnerte sie an die Sache. Die Wilkes, die sich ihr erstes

Haus gekauft hatten, weil sie Nachwuchs erwarteten. Die Conways, die ihr großes Haus verkauften, um in die Nähe ihrer Enkel zu ziehen. Als sie das Gespräch mit Frau Conway beendete, merkte sie, wie ihr die mittlerweile vertrauten Tränen in die Augen stiegen, und sie drehte den Kopf zur Seite.

Joan Rogers, die Kollegin am Schreibtisch neben ihr, las eine Zeitschrift. Es versetzte Susan einen Stich, als sie die Überschrift des Artikels sah: »Kinder sind nicht immer wahre Engel an Weihnachten.«

Süße Fotos von kleinen Kindern in weißen Hemden und mit Heiligenscheinen waren über die Seite verstreut.

Susan erstarrte, beugte sich hinüber und riß Joan verzweifelt die Zeitschrift aus der Hand. Der Engel in der rechten oberen Ecke. Ein kleines Mädchen. Das Haar war so hellblond, daß es fast weiß erschien. Aber die Augen, der Mund und die Pausbäckchen. »O Gott«, flüsterte Susan. Sie zog die Schreibtischschublade auf, durchwühlte deren Inhalt und fand endlich den gesuchten Filzstift. Mit zitternden Händen übermalte sie das blonde Haar des Kindes mit dem warmen Braunton des Stiftes und beobachtete, wie das Engelsgesicht in der Zeitschrift dem gerahmten Foto auf ihrem Schreibtisch immer ähnlicher wurde.

Jamie sah nachdenklich aus dem Schlafzimmerfenster in die kalte Winterlandschaft hinaus und versuchte, nicht auf die streitenden Stimmen zu hören. Papa und Tina stritten sich wieder mal. Irgend jemand aus dem Haus hatte Papa ihr Foto, das in der Zeitung war, gezeigt. Papa schrie gerade: »Was hast du denn damit erreichen wollen? Daß wir alle im Gefängnis landen? Wie oft hat sie Modell gestanden?«

Sie waren Ende des Sommers nach New York gekommen, und Papa war sehr viel ohne sie auf Reisen gegangen. Tina sagte, ihr wäre langweilig und sie könnte mal wieder ein bißchen als Fotomodell arbeiten. Aber die Frau, zu der sie gegangen war, sagte zu ihr: »Von ihrem Typ brauche ich im Moment niemand, aber mit dem kleinen Mädchen da könnte ich was anfangen.«

Es war einfach gewesen, sich als Engel fotografieren zu lassen. Sie hatten ihr gesagt, sie brauchte nur an was sehr Schönes zu denken, und so dachte sie an Weihnachten und daß sie und Mami vorgehabt hatten, dieses Jahr den Heiligabend in New York zu verbringen. Jetzt war sie in New York, und alle diese Plätze, wo sie und Mami hingehen wollten, waren ganz nahe – aber es war einfach nicht dasselbe mit Papa und Tina.

»Ich hab' dich gefragt, wie oft sie Modell gestanden hat!« schrie Papa.

»Zwei- oder dreimal«, rief Tina.

Das war gelogen. Sie waren oft in die Fotoagentur gegangen, wenn Papa unterwegs war. Aber wenn Papa in New York war, hatte Tina die Termine abgesagt.

Jetzt meinte Tina: »Was erwartest du eigentlich von mir? Soll ich vielleicht Däumchen drehen, solange du weg bist?«

Unten auf der Straße eilten die Menschen vorbei, als wäre ihnen kalt. Es hatte die ganze Nacht geschneit, aber der Schnee schmolz unter den Rädern der Autos und verwandelte sich in dreckige Matschhaufen. Ganz drüben, am Rand ihres Blickfeldes, konnte sie den Central Park sehen, wo der Schnee so schön war, wie er sein sollte.

Jamie hatte einen Kloß im Hals. Sie wußte, daß an Weihnachten das Christkind kam. Jeden Tag hatte sie gebetet, daß der liebe Gott, wenn er das Jesuskind auf die

Erde bringt, auch Mami mitbringt. Aber Papa hatte ihr gesagt, daß Mami immer noch sehr krank wäre. Und heute abend würden sie wieder mal in ein Flugzeug einsteigen und irgendwohin fliegen. Es klang wie ba-na-nas. Nein. Es hieß Ba-ha-mas.

»Jamie!«

Tinas Stimme klang ziemlich ärgerlich, als sie nach ihr rief. Jamie wußte, daß Tina sie nicht besonders mochte. Tina sagte auch immer zu Papa: »Sie ist dein Kind!«

Papa saß im Bademantel am Tisch. Die Zeitschrift mit ihrem Foto hatte er auf den Boden geworfen; jetzt las er die Tageszeitung. Normalerweise sagte er: »Guten Morgen, Prinzeßchen«, aber heute beachtete er sie nicht mal, als sie ihm einen Kuß gab. Papa war nie bösartig zu ihr. Ein einziges Mal hatte er ihr eine Ohrfeige gegeben. Das war, als sie versucht hatte, Mami anzurufen. Genau in dem Moment, als Mami sagte: »Bitte hinterlassen Sie eine Nachricht«, kam Papa rein. Sie konnte gerade noch sagen: »Ich hoffe, dir geht's besser, Mami, du fehlst mir«, bevor Papa den Hörer auf die Gabel knallte und ihr eine runterhaute. Danach schloß er immer das Telefon ab, wenn er und Tina nicht in der Nähe waren. Papa sagte, daß Mami so krank wäre, daß es ihr weh täte, wenn sie versuchte zu sprechen. Aber Mami hatte sich gar nicht krank angehört, als sie sagte: »Bitte hinterlassen Sie eine Nachricht!«

Jamie setzte sich an den Tisch, wo schon der Orangensaft und die Cornflakes auf sie warteten. Das war so ziemlich das einzige, was Tina für sie tat – ihr das Frühstück machen. Papa runzelte die Stirn und klang ärgerlich, als er laut vorlas: »Die Bediensteten vermuten, daß der kleinere der beiden Einbrecher eine Frau gewesen ist.« Dann sagte Papa: »Ich hab' dir gleich gesagt, daß diese Aufmachung ein Fehler war.«

Tina beugte sich über seine Schulter. Ihr Morgenrock stand offen, und sie quoll aus ihrem Nachthemd. Ihr Haar war völlig unordentlich, und sie blies Rauchringe in die Luft, während sie vorlas: »*Vielleicht waren es Leute aus dem Haus?* Was willst du mehr!«

»Daß wir so schnell wie möglich abhauen«, sagte Papa. »Wir haben diese Stadt überstrapaziert.«

Jamie dachte an all die Wohnungen, die sie sich angesehen hatten. »Müssen wir denn unbedingt auf die Ba-ahamas?« fragte sie. Es klang so weit weg. Weiter und weiter weg von Mami. »Die Wohnung gestern hat mir gefallen«, bemerkte sie. Sie spielte mit den Cornflakes und rührte mit dem Löffel drin herum. »Ihr habt doch der Frau gesagt, ihr glaubt, das wär' genau das richtige für euch?«

Tina lachte. »Stimmt, Kleines, in gewisser Weise war es das auch.«

»Halt den Mund.« Papa klang ziemlich sauer. Jamie dachte daran, wie gestern die Frau, die ihnen die Wohnung gezeigt hatte, sagte, was für eine wunderbare Familie sie wären. Papa und Tina hatten die vornehmen Kleider angezogen, die sie immer trugen, wenn sie sich Wohnungen ansahen, und Tina hatte die Haare zu einem Pferdeschwanz zurückgekämmt und war nur sehr dezent geschminkt.

Nach dem Frühstück gingen Tina und Papa ins Schlafzimmer. Jamie überlegte, was sie anziehen sollte, und entschied sich für die lila Hose und das gestreifte, langärmelige Hemd, das sie angehabt hatte an dem Tag, an dem Papa zum Kindergarten gekommen war, um ihr zu sagen, daß Mami krank wäre und er sie mit nach Hause nehmen würde. Obwohl beides ihr langsam zu klein wurde, zog sie es lieber an als ihre neuen Kleider. Sie wußte noch ganz genau, wie Mami sie gekauft hatte.

Sie bürstete sich das Haar und war immer wieder überrascht, wie lustig es jetzt aussah. Es war exakt die gleiche Farbe wie Tinas, und wenn sie zusammen weggingen, wollte Papa immer, daß sie »Mutter« zu Tina sagte. Sie wußte, daß Tina nicht ihre Mutter war; und da sie zu Mami immer Mami gesagt hatte, störte sie es nicht weiter, Tina Mutter zu nennen. Es waren zwei unterschiedliche Namen für zwei unterschiedliche Personen.

Als sie ins Wohnzimmer zurückkam, waren Papa und Tina fertig angezogen. Papa trug eine Aktentasche, die schwer aussah. »Ich werd' nicht besonders traurig sein, wenn wir heute abend diesen Ort verlassen«, sagte er. Jamie gefiel es hier auch nicht. Sie wußte, daß es schön war, nur einen Block vom Central Park entfernt zu wohnen, aber die Wohnung war dunkel und schmuddelig, und die Einrichtung war alt, und der Teppich hatte einen Riß. Papa sagte immer wieder zu den Leuten, die ihnen ihre Apartments vorführten, wie sehr sie sich auf eine wirklich elegante Wohnung in New York freuten.

»Tina und ich müssen noch was erledigen«, sagte Papa zu ihr. »Ich schließe die Tür zweimal ab, dann kann nichts passieren. Lies, oder sieh fern. Nachher wird Tina mit dir Sommerkleider einkaufen für die Bahamas, und du kannst dir ein paar Weihnachtsgeschenke aussuchen. Ist das was?«

Es gelang Jamie, ihm zuzulächeln, aber gleichzeitig blieb ihr Blick am Telefon hängen. Papa hatte vergessen, es abzuschließen. Wenn sie weg waren, würde sie Mami wieder anrufen. Sie wollte mit Mami über Weihnachten reden. Papa würde es gar nicht merken. Sie wartete ein paar Minuten, um sicher zu sein, daß sie weg waren, dann nahm sie den Hörer ab. Jede Nacht vor dem Einschlafen sagte sie sich die Nummer vor, so würde sie sie nicht vergessen. Sie wußte sogar, daß sie die Eins vorwählen mußte. Sie sagte die Nummer laut vor sich hin und wählte: »1 … 312-54 …«

Der Schlüssel drehte sich im Schloß. Sie hörte Papa fluchen, und sie ließ den Hörer los, bevor er ihr ihn wegreißen konnte. Er hielt den Hörer ans Ohr, und als das Freizeichen kam, legte er auf, schloß das Telefon ab und sagte: »Wenn heute nicht Weihnachten wäre, hättest du was erleben können!«

Dann ging er wieder. Jamie verkroch sich im großen Sessel, zog die Beine an und legte den Kopf auf die Knie. Sie wußte, sie war zu alt zum Weinen. Sie war fast viereinhalb. Trotzdem mußte sie sich auf die Lippen beißen, damit sie nicht anfingen zu zittern. Aber nach einer Minute konnte sie schon wieder das So-tun-als-ob-Spiel spielen.

Mami war bei ihr, und sie würden zusammen, wie ausgemacht, Weihnachten verbringen. Als erstes würden sie mit der Kutsche durch den Central Park fahren, und die Glöckchen an den Mähnen der Pferde würden klingeln. Dann würden sie in ein großes Hotel zum Mittagessen gehen. Beunruhigt stellte sie fest, daß sie den Namen des Hotels vergessen hatte. Sie runzelte die Stirn und dachte angestrengt nach. Sie sah das Hotel in Gedanken genau vor sich. Sie hatte Papa dazu gebracht, ihr zu zeigen, wo es war. Jetzt fiel es ihr wieder ein. Das Plaza. Nach dem Mittagessen würden sie in das Spielzeuggeschäft gegenüber gehen. Zu FAO Schwarzzz … Sie würde sich zwei Geschenke aussuchen. Nein, dachte Jamie, Mami hat gesagt, ich kann mir drei aussuchen. »Wir gehen die Fifth Avenue runter und besuchen das Jesuskind und dann …«

Tina sagte, sie wäre eine ziemliche Nervensäge, weil sie immer fragte, wo was wäre. Aber jetzt wußte sie ganz genau, wie sie zur Fifth Avenue kam von hier aus und wo die

Plätze lagen, die sie und Mami besuchen wollten. Mami war in New York in die Schule gegangen. Aber das war lange her ... vielleicht hatte Mami vergessen, wo sie waren, aber Jamie wußte es. Mit geschlossenen Augen stellte sie sich vor, wie sie ihre Hand in Mamis Hand legte und sagte: »Der große wunderschöne Baum ist da unten ...«

Die Telefonnummer der Zeitschrift stand im Impressum. Hastig wählte Susan die Nummer 212 ... Sie bemerkte, wie sich alle anderen im Büro um ihren Schreibtisch versammelten, während sie darauf wartete, daß am anderen Ende jemand abhob. *Laß sie nicht geschlossen haben, laß sie nicht geschlossen haben.*

Die Frau in der Vermittlung, die sich meldete, versuchte behilflich zu sein. »Tut mir leid, unter dieser Nummer ist im Moment niemand zu erreichen. Kinderfotos? Darüber erhalten Sie Auskunft in der entsprechenden Abteilung, die ist aber heute geschlossen. Sie können dort am 26. wieder anrufen.« In einem Wortschwall sprudelte Susan heraus, was mit Jamie geschehen war: »Sie müssen mir helfen. Wie bezahlen Sie ein Kind, das Modell steht? Haben Sie denn keine Adresse?«

Die Frau in der Vermittlung unterbrach sie: »Warten Sie, es muß einen Weg geben, das herauszufinden.«

Minuten vergingen. Susan hielt den Hörer fest umklammert und bemerkte kaum, daß sie jemand an den Schultern festhielt. Joan, liebe Joan, die zufällig diesen Artikel gelesen hatte.

Als sich die Vermittlung wieder meldete, sagte sie triumphierend: »Ich habe einen der Herausgeber zu Hause erreicht. Die Kinderfotos, die wir zu diesem Artikel abgedruckt haben, stammen aus der Fotoagentur Lehman. Hier ist die Nummer.«

Susan wurde zu Dora Lehman durchgestellt. Im Hintergrund konnte sie die Geräusche einer Weihnachtsfeier hören. Frau Lehmans durchdringende, aber freundliche Stimme sagte: »Ja, Jamie ist eins meiner Kinder. Sicher ist sie hier in New York. Die Aufnahmen sind von letzter Woche.«

»Sie ist in New York!« rief Susan aus. Nur undeutlich bekam sie mit, wie hinter ihr geklatscht wurde.

Dora Lehman hatte keine Adresse von Jamie. »Eine gewisse Tina holte immer Jamies Scheck ab. Aber ich habe eine Telefonnummer. Eigentlich sollte ich dort nur anrufen, wenn ein wirklich dicker Auftrag auf dem Tisch liegt. Tina sagte, wenn ihr Ehemann am Apparat wäre, sollte ich sagen, ich hätte mich verwählt.«

Susan kritzelte die Nummer auf ein Papier, so nervös, daß es ihr nicht gelang einzuhängen und sie noch hörte, wie Frau Lehman ihr vorschlug, mit Jamie vorbeizuschauen, wenn sie in New York wären.

Joan hielt sie zurück, als sie die Nummer wählen wollte. »Du wirst sie nur warnen. Wir müssen die New Yorker Polizei einschalten. Sie können die Adresse herausfinden, und du buchst einen Flug nach New York.«

Nach all den Monaten des Wartens endlich etwas *tun* zu können. Irgend jemand sah im Flugplan nach. Die nächste Maschine, die sie nehmen konnte, ging mittags vom O'Hare ab. Aber als sie versuchte, eine Reservierung zu bekommen, mußte die Angestellte fast lachen. »Wir haben heute keinen einzigen freien Platz mehr ab Chicago«, sagte sie. Auf ihr Bitten hin wurde sie mit dem stellvertretenden Chef verbunden. »Sie kommen hier weg«, sagte er ihr. »Sie kriegen einen Platz in diesem Flugzeug, und wenn wir den Piloten rausschmeißen müssen.« Joan hatte gerade das Gespräch mit der New Yorker Polizei beendet, als Susan den Hörer auflegte. Es dauerte einen Moment, bis Susan auffiel, daß Joan ein finsteres Gesicht machte und der Ausdruck freudiger Erwartung aus ihren Augen verschwunden war. »Jeff ist gerade wegen eines Raubüberfalls verhaftet worden, den er und diese Frau – Tina –, mit der er zusammenlebt, begangen haben. Ein Nachbar will gesehen haben, wie Jamie und die Frau vorfuhren, als sie ihn gerade in den Streifenwagen verfrachteten. Wenn Tina weiß, daß Jeff verhaftet wurde, verschwindet sie mit Jamie Gott weiß wohin.«

Papa und Tina waren nur kurz weggewesen. Jamie konnte die Uhr lesen, und beide Zeiger standen auf elf, als sie zurückkamen. Tina sagte, sie solle ihren Mantel anziehen, weil sie jetzt zu Bloomingdale gingen. Es machte keinen Spaß, mit Tina einzukaufen. Jamie merkte, daß sogar die Frau, die ihnen die Kleider verkaufte, überrascht war, daß Tina sich nicht im geringsten dafür interessierte, was sie kaufte. Sie sagte nur: »Sie braucht ein paar Badeanzüge und ein paar Shorts und Blusen. Das müßte genügen.«

Dann gingen sie in die Spielzeugabteilung. »Dein Vater hat gesagt, du kannst dir ein paar Sachen raussuchen«, sagte Tina.

Sie wollte eigentlich gar nichts. Die Puppen mit den gläsernen Knopfaugen und Rüschenkleidchen sahen nur halb so lieb aus wie ihre Minnie-Maus-Stoffpuppe zu Hause, die sie immer mit ins Bett nahm. Aber Tina sah ziemlich ärgerlich aus, als sie ihr sagte, sie wollte gar nichts haben, und deshalb zeigte sie schnell auf ein paar Bücher. Zurück zur Wohnung nahmen sie ein Taxi.

Aber als der Fahrer an den Randstein fuhr, fing Tina an, sich komisch zu benehmen. Zwei Polizeifahrzeuge parkten dort, und Jamie sah Papa zwischen zwei Polizisten gehen. Sie zeigte auf ihn, aber Tina zwickte sie ins Knie und sagte zu dem Fahrer: »Ich habe etwas vergessen. Bitte, fahren Sie uns noch einmal zu Bloomingdale zurück.«

Jamie sank entsetzt in den Sitz zurück. Papa hatte heute morgen von der Polizei gesprochen. Hatte Papa Schwierigkeiten? Sie wagte es nicht, Tina zu fragen. Tina hatte einen gemeinen Zug um den Mund, und ihre Hand, mit der sie Jamie gezwickt hatte, war noch in der Luft, bereit, wieder zuzuschlagen.

Bei Bloomingdale kaufte jetzt Tina nur noch für sich ein. Sie kaufte einen Koffer, ein Kleid, einen Mantel, einen Hut und eine große dunkle Sonnenbrille. Nachdem Tina bezahlt hatte, schnitt sie alle Etiketten raus und sagte zu der Verkäuferin, daß sie sich entschieden hätte, die neuen Kleider gleich anzuziehen.

Als sie Bloomingdale wieder verließen, sah sie völlig verändert aus. Ihre weiße Nerzjacke und ihre Lederhose waren im Koffer. Der neue Mantel war schwarz, wie der, den sie trug, wenn sie sich Wohnungen ansahen. Der Hut bedeckte ihr Haar vollständig, und die dunkle Sonnenbrille war so groß, daß man kaum ihr Gesicht erkennen konnte.

Jamie hatte Hunger. Sie hatte den ganzen Tag nichts gegessen, nur die Cornflakes und den Orangensaft am Morgen. Die Straße war voller Menschen. Die Leute gingen vorbei mit ihren vollen Einkaufstaschen. Die einen sahen gestreßt aus, andere dagegen glücklich. Da stand ein Weihnachtsmann an der Straßenecke, und die Leute warfen Geld in seine Sammelbüchse.

An der Ecke entdeckte sie einen Imbißstand. Schüchtern zupfte sie Tina am Ärmel. »Könnte ich bitte ... Ist es in Ordnung, wenn ich ...« Irgendwie schnürte es ihr die Kehle zu. Sie war so hungrig. Sie wußte nicht, warum die

Polizei Papa mitgenommen hatte, und sie wußte, daß Tina sie nicht mochte.

Tina hatte versucht, ein Taxi herbeizuwinken. »Na gut«, sagte sie, »meinetwegen. Aber beeil dich.« Jamie bestellte ein Hot dog mit Senf und eine Cola. Ein Taxi hielt an, noch bevor der Mann Senf auf die Wurst tun konnte, und Tina sagte: »Vergiß das mit dem Senf, komm schon!«

Im Taxi versuchte Jamie, so vorsichtig zu essen, daß es keine Krümel gab. Der Fahrer drehte sich herum und sagte zu Tina: »Ich weiß, daß das Kind nicht lesen kann, aber wie ist das mit Ihnen?«

»Oh, Entschuldigung, das habe ich nicht gesehen.« Tina zeigte auf das Schild. »Da steht, daß man im Taxi nicht essen darf, also warte, bis wir am Hafenamt sind.«

Das Hafenamt war ein riesengroßes Gebäude mit vielen Menschen. Sie stellten sich in einer langen Schlange an. Tina drehte sich andauernd um, als hätte sie vor irgend etwas Angst. Am Schalter fragte sie, wann Busse nach Boston gingen. Der Mann antwortete, es gäbe einen um zwei Uhr zwanzig, den sie noch kriegen könnten. Dann kam ein Polizist auf sie zu. Tina drehte den Kopf weg und sagte gepreßt: »Oh, mein Gott!«

Jamie fragte sich, ob der Polizist sie jetzt genauso ins Auto verfrachten würde, wie sie es mit Papa gemacht hatten. Aber er kam überhaupt nicht in ihre Nähe. Statt dessen redete er mit zwei Frauen, die sich anschrien. Mami hatte ihr immer erzählt, daß die Polizisten ihre Freunde wären, aber sie wußte, daß das in New York anders war, weil Papa und Tina Angst vor ihnen hatten.

Tina brachte sie in einen Raum, wo ein paar Leute in einer Reihe auf Stühlen saßen. Eine alte Frau war mit der Hand auf ihrem Koffer eingeschlafen. Tina sagte: »So, Jamie, du wartest hier auf mich. Ich muß noch eine

Besorgung machen, und das kann länger dauern. Iß deine Wurst auf, und trink deine Cola, aber sprich mit niemandem. Wenn dich jemand fragt, sagst du, du gehörst zu der Frau dort.«

Jamie war froh, daß sie sich hinsetzen und essen durfte. Die Wurst war kalt, und sie wünschte, es wäre Senf drauf, aber es schmeckte auch so gut. Sie sah, wie Tina zum Aufzug zurückging.

Sie wartete sehr lange. Irgendwann wurden ihre Augenlider schwer, und sie schlief ein. Als sie wieder erwachte, rannten ziemlich viele Leute an ihr vorbei, als würden sie zu spät kommen. Die alte Frau, die neben ihr saß, schüttelte sie. »Bist du allein?« Sie sah ärgerlich aus.

»Nein, Tina kommt gleich zurück.«

Das Reden fiel ihr schwer. Sie war immer noch so verschlafen. »Wartest du schon lange hier?«

Jamie wußte es nicht so genau nnd sagte deshalb noch mal: »Tina kommt gleich wieder.«

»Also gut. Ich muß zum Bus. Und sprich mit niemandem, bis Tina zurück ist.« Die alte Frau nahm ihren Koffer. Es sah so aus, als wäre er sehr schwer.

Jamie mußte auf die Toilette. Tina würde sehr ärgerlich sein, wenn sie nicht auf sie wartete, aber sie konnte es nicht länger aushalten. Sie fragte sich, wie sie die Toiletten finden könne, wo sie doch niemand fragen durfte. Da hörte sie auf dem Stuhl hinter sich eine Frau zu ihrem Freund sagen: »Laß uns noch mal aufs Klo gehen, bevor wir fahren.«

Jamie war klar, daß sie die Toilette gemeint hatte. Tina redete auch immer vom Klo. Sie nahm das Paket mit den Kleidern und den Büchern und folgte den beiden so dicht, daß es so aussah, als gehörte sie zu ihnen.

Auf der Toillette waren viele Leute, und einige von

ihnen hatten Kinder dabei, so daß es niemand weiter auffiel, wie sie hinein- und hinausging. Sie wusch sich die Hände und verließ diese schmutzigen Toiletten, so schnell sie konnte. Da fiel ihr das erstemal die große Uhr an der Wand auf. Der kleine Zeiger stand auf vier und der große auf eins. Das bedeutete: Es war fünf nach vier. Der Mann am Schalter hatte Tina erzählt, der nächste Bus würde um zwanzig nach zwei gehen.

Jamie blieb stehen. Jetzt wurde ihr klar, daß Tina gar nicht die Absicht gehabt hatte, sie mitzunehmen ... Tina kam nicht mehr zurück.

Jamie wußte, wenn sie hierbliebe, würde sie früher oder später ein Polizist ansprechen. Doch wo sollte sie hingehen? Papa war nicht zu Hause, und Tina war weg. Vielleicht konnte sie Mami anrufen; die würde bestimmt jemand schicken, auch wenn sie krank war. Aber sie hatte kein Geld. Sie wünschte sich so sehr, Mami wäre da. Sie merkte, daß ihr die Tränen kamen. Es war Heiligabend, und Mami und sie hatten eigentlich vorgehabt, ihn zusammen zu verbringen.

Durch die großen Türen am Ende der Halle gingen die Menschen rein und raus. Das mußte der Ausgang sein. Das Paket war schwer. Die Schnüre schnitten ihr in die Handflächen. Sie wußte, was sie machen konnte. Die Wohnung war an der Ecke 48. Straße Fifth Avenue. Das war die Adresse, die Tina und Papa immer den Taxifahrern angegeben hatten. Und wenn sie die Wohnung gefunden hatte, konnte sie auch einen Block weiter zum Central Park gehen. Von dort aus wußte sie, wie sie zum Plaza kam. Sie würde das So tun als ob Spiel spielen. Sie würde sich vorstellen, daß Mami bei ihr wäre und sie zusammen mit der Pferdekutsche durch den Central Park fahren und ins Plaza zum Mittagessen gehen würden. Dann würde sie in den Spielzeugladen gegenüber vom Plaza gehen, genau wie Mami und sie es ausgemacht hatten. Sie würde die Fifth Avenue hinunterlaufen und das Jesuskind besuchen und den großen Baum und die Märchenfenster bei Lord und Taylor anschauen.

Sie stand draußen auf der Straße. Es wurde langsam dunkel, und der eisige Wind biß ihr in die Wangen. Ohne Mütze fror sie am Kopf. Ein Mann mit einem grauen Pullover und einem weißen Kittel verkaufte Zeitungen. Sie wollte nicht, daß er merkte, daß sie allein war, also deutete sie auf eine Frau mit einem Baby auf dem Arm, die versuchte, ihren Kinderwagen aufzuklappen: »Wir müssen zur Fifth Avenue«, sagte sie zu dem Mann.

»Das ist ganz schön weit«, sagte er. Er machte eine ausladende Handbewegung. »Es geht achtzehn Blocks da hinauf und einen Block so rüber.«

Jamie wartete, bis der Mann jemand Kleingeld rausgeben mußte, dann flitzte sie über die Straße und machte sich auf den Weg zur Fifth Avenue. Eine zerbrechliche Gestalt in einem rosa Anorak und mit goldenen Löckchen.

Die Maschine hatte Verspätung beim Anflug, und es dauerte eine Stunde und vierzig Minuten, bis sie auf dem LaGuardia-Flughafen ankamen. Es war drei Uhr, als sie landeten. Susan rannte durch die Ankunftshalle und versuchte, die freudigen Willkommensgrüße zu ignorieren, die die anderen Passagiere bekamen.

Als sich das Taxi auf der 59. Straße durch den Verkehr schob, versuchte Susan, nicht daran zu denken, daß sie und Jamie geplant hatten, heute diesen Tag zusammen in New York zu verbringen. Es war kalt und bedeckt, und der Fahrer sagte ihr, daß es wohl wieder Schnee geben würde. Die Sonnenblende des Autos war zugeklebt mit Familienfotos. »Nach der Fahrt mach' ich Schluß und fahr' heim zu den Kindern. Haben Sie Kinder?«

Auf der Polizeiwache erwartete sie ein Leutnant Garrigan in seinem Büro.

»Haben Sie Jamie gefunden?«

»Nein. Aber ich versichere Ihnen, wir überwachen alle Flughäfen und jede Busstation.«

Er zeigte ihr ein Foto. »Ist das Ihr früherer Ehemann Jeff Randall?«

»So nennt er sich jetzt also?«

»In New York heißt er Jeff Randall. In Boston, Washington, Chicago und einem Dutzend weiterer Städte heißt er anders. Es sieht so aus, als hätten er und seine Freundin sich als reiche Leute vom Land ausgegeben, die nach einer Eigentumswohnung in New York suchten. Offensichtlich hatten sie immer ein kleines Mädchen dabei, was ihren Auftritt noch überzeugender wirken ließ. Er hatte Flugtickets einstecken – sie wollten nach Nassau fliegen heute abend.« Susan sah das Mitgefühl in seinen Augen. »Kann ich mit Jeff sprechen?« fragte sie.

Er hatte sich nicht verändert im letzten Jahr. Dasselbe gewellte braune Haar, dieselben arglosen blauen Augen, dasselbe entwaffnende Lächeln, dieselbe besorgte und beschützende Art. »Schön, dich zu sehen, Susan. Du siehst gut aus, dünner, aber das steht dir.«

Sie hätten alte Freunde sein können, die sich zufällig begegneten. »Wo würde diese Frau Jamie hinbringen?« fragte Susan. Sie krampfte ihre Hände ineinander, voller Angst, daß sie ihm sonst mit den Fäusten ins Gesicht schlagen würde.

»Wovon redest du?«

Sie saßen sich in dem kleinen Büro gegenüber. Jeffs

nonchalante Art ließ die Handschellen, die sie ihm angelegt hatten, als gänzlich unwirklich erscheinen. Die beiden Polizisten rechts und links von ihm hätten auch Statuen sein können, so wenig beachtete er sie. Der Leutnant stand immer noch hinter seinem Schreibtisch, aber das Mitgefühl war aus seinen Augen verschwunden. »Sie werden einige Zeit hinter Gitter müssen, auch wenn das Kidnappingverfahren fallengelassen wird«, sagte er. »Ich könnte mir vorstellen, daß Ihre frühere Frau von einer Anzeige absieht, wenn das Kind sofort gefunden wird.«

Er wollte keinerlei Fragen beantworten, auch nicht, als Susan die Selbstbeherrschung verlor und schrie: »Ich bring' dich um, wenn ihr irgend etwas zustößt!« Sie biß sich auf die Finger, um das quälende Schluchzen zu unterdrücken, als sie Jeff wegbrachten.

Der Leutnant führte sie in ein Wartezimmer mit einer Lederbank und ein paar alten Zeitschriften. Susan versuchte zu beten, aber sie fand keine Worte. Nur ein einziger Gedanke schoß ihr immer wieder durch den Kopf: »Ich will zu Jamie. Ich will zu Jamie.«

Um zehn nach vier erzählte ihr Leutnant Garrigan, daß ein Angestellter im Hafenamt sich an eine Frau und ein Kind erinnerte, auf das Jamies Beschreibung genau passen würde, und daß die Frau Fahrkarten für den Bus um zwei Uhr zwanzig nach Boston gekauft hatte. Sie riefen die Zwischenstationen an und überprüften den Bus. Um vier Uhr dreißig stand fest, daß sie nicht im Bus waren. Um viertel vor fünf wurde Tina am Flughafen Newport verhaftet, als sie versuchte, einen Flug nach Los Angeles zu buchen.

Leutnant Garrigan versuchte optimistisch zu klingen, als er Susan erzählte, was sie herausgefunden hatten.

»Tina hat Jamie im Wartesaal am Hafenamt sitzenlassen. Einer vom dortigen Wachpersonal hat noch Dienst. Er erinnerte sich, ein Kind, auf das Jamies Beschreibung paßt, gesehen zu haben, als es mit zwei Frauen wegging.«

»Sie können sie sonstwohin mitgenommen haben«, lästerte Susan. »Was sind das für Leute, die ein Kind, das offensichtlich vermißt wird, nicht gleich zur Polizei bringen?«

»Einige Frauen nehmen so ein Kind erst mit nach Hause und fragen ihren Mann, was sie tun sollen«, antwortete der Leutnant. »Das wäre das Beste, was passieren kann, glauben Sie mir. Dann wäre sie sicher. Ich möchte gar nicht daran denken, daß Jamie vielleicht ganz allein durch Manhattan irrt. Es gibt 'ne Menge seltsamer Typen, die an den Feiertagen auf den Straßen rumlungern. Sie versuchen, Kinder anzusprechen, die verlorengegangen sind.«

Er mußte das Entsetzen auf Susans Gesicht bemerkt haben, denn er fügte schnell hinzu: »Wir werden versuchen, eine Suchmeldung in den Radiostationen unterzubringen, und heute abend kommt ihr Foto in den Abendnachrichten. Diese Tina sagt, Jamie wüßte die Adresse der Wohnung und die Telefonnummer. Wir haben einen Beamten in die Wohnung geschickt, falls jemand anruft. Vielleicht wollen Sie lieber dort warten. Es ist nur ein paar Blocks entfernt. Ich lass' Sie im Streifenwagen hinbringen.«

Ein junger Polizist saß im Wohnzimmer und sah fern. Susan ging durch die Wohnung und bemerkte eine Schüssel mit ein paar eingetrockneten Cornflakes auf dem Tisch in der Eßecke, daneben einen Stapel Bilderbücher. Das kleinere Schlafzimmer ... Das Bett war nicht gemacht, und im Kopfkissen war noch eine Mulde. Hier hatte Jamie letzte Nacht geschlafen. Das Nachthemd lag zusammengefaltet über dem Stuhl. Sie hob es auf und drückte es an sich, als könnte sie so ihre Tochter herbeizaubern. Vor ein paar Stunden war Jamie hiergewesen, jetzt schien sie weit weg zu sein.

Susan fühlte, wie ihr der Atem stockte, als ob ihr jemand den Brustkorb in Eisen legen würde; ihre Lippen zitterten, und Hysterie kroch in ihr hoch. Sie ging zum Fenster hinüber, öffnete es und sog die frische Luft ein. Als sie nach unten starrte, erblickte sie den Verkehr auf der Fifth Avenue. Links in der Straße südlich des Central Park standen die Pferdekutschen, eine hinter der anderen. Tränen stiegen ihr in die Augen, als sie sah, wie eine Familie von der Seventh Avenue Richtung Central Park einbog. Mutter und Vater gingen vorneweg. Ihre drei Kinder zuckelten hinterher. Erst die zwei Buben, die sich gegenseitig schubsten, und ihnen dicht auf den Fersen das kleine Mädchen.

Weihnachten. Sie und Jamie hatten hier zusammensein wollen; es hätte ein besonderer Tag für sie werden sollen. Plötzlich schoß ihr ein völlig abwegiger Gedanke durch den Kopf: Wenn Jamie überhaupt nicht mit den Frauen mitgegangen war … wenn sie allein unterwegs war?

Der Polizist, dessen Aufmerksamkeit stark durch das Fernsehprogramm in Anspruch genommen war, notierte sich die Plätze, die sie ihm nannte. »Ich sage dem Leutnant Bescheid«, versprach er. »Wir kämmen die Fifth Avenue nach ihr ab.«

Susan griff ihren Mantel. »Und ich tue das gleiche.«

Jamies Beine waren so müde. Sie war weit, sehr weit gelaufen. Am Anfang hatte sie die Blocks gezählt, doch dann war ihr aufgefallen, daß auf den Straßenschildern die Blocknummern standen. Dreiundvierzig, vierundvierzig.

Es gefiel ihr nicht, in dieser Gegend herumzulaufen. Es gab keine schönen Schaufenster, und die Frauen, die an die Häuser gelehnt oder in den Hauseingängen standen, sahen so aus wie Tina.

Sie achtete genau darauf, daß sie immer neben Müttern oder Vätern oder anderen Kindern herlief. Mami hatte ihr das beigebracht. »Wenn du jemals verlorengehst, wende dich an jemand mit Kindern.« Aber sie wollte mit keinem dieser Leute reden. Sie wollte das So-tun-als-ob-Spiel spielen.

Sie wußte genau, wann die 58. Straße kommen mußte. Sie konnte sie an den Geschäften wiedererkennen. Da holte sie immer die Pizza, und dort kaufte Papa immer die Zeitungen. Die Wohnung war in diesem Block.

Ein Mann kam auf sie zu und nahm sie bei der Hand. Sie versuchte, sich loszumachen, aber es ging nicht. »Du bist allein, Kleines, nicht wahr?« flüsterte er.

Er wollte ihre Hand nicht loslassen. Er lächelte, aber irgendwie sah er unheimlich aus. Man konnte kaum etwas von seinen Augen sehen, so schmal waren sie. Er hatte eine schmutzige Jacke an, und die Hose schlotterte ihm um die Beine. Auf keinen Fall durfte sie ihm sagen, daß sie allein war, das wußte Jamie.

»Nein«, sagte sie schnell, »Mami und ich sind hungrig.« Sie deutete in Richtung Pizzastand, und eine große Frau, die gerade eine Pizza kaufte, sah nach draußen und schien zu lächeln.

Der Mann ließ sofort ihre Hand los. »Ich dachte, du brauchst Hilfe?« Jamie wartete, bis er auf die andere Straßenseite gegangen war, und rannte schnell den Häuserblock entlang. Als sie noch drei Hauser von zu Hause weg war, sah sie, wie ein Streifenwagen dort vorfuhr. Für einen Moment lang war sie erschrocken und fürchtete, jetzt würde die Polizei auch sie mitnehmen. Aber dann stieg eine Frau aus und rannte ins Haus, und der Wagen fuhr wieder weg. Sie rieb sich mit dem Handrücken über die Augen. Weinen war so kindisch.

Als sie vor dem Haus war, senkte sie den Kopf. Sie wollte nicht, daß sie irgend jemand erkannte und vielleicht festhielt und auch ins Gefängnis brachte. Aber die Schachtel mit ihren neuen Sachen war so schwer. Als sie am Haus vorbei war, blieb sie einen Moment lang stehen und versteckte die Schachtel hinter einem steinernen Blumenkasten. Vielleicht konnte sie sie eine Zeitlang dort lassen. Und selbst wenn jemand sie mitnehmen würde, wär's egal. Sie konnte sowieso keine Badeanzüge oder Shorts mehr gebrauchen. Sie fuhr ja nicht auf die Ba-ha-mas. Es war viel einfacher, ohne die Schachtel weiterzulaufen. An der Ecke drehte sie sich um und schaute zurück. Der Mann mit der schmutzigen Jacke folgte ihr. Das jagte ihr ein bißchen Angst ein. Sie war froh, daß ein paar Leute an ihr vorbeigegangen waren, eine Mutter und ein Vater mit zwei Jungen. Sie beeilte sich, um dicht bei ihnen zu bleiben. Als sie an die nächste Ecke kamen, bogen sie rechts ab. Sie wußte, das war genau der Weg, den sie gehen mußte. Der Central Park war gegenüber. Sie beobachtete, wie ein paar Leute aus einer Pferdekutsche ausstiegen. Das war der richtige Augenblick, um mit ihrem So-tun-als-ob-Spiel anzufangen.

Susan eilte die Straße am Central Park entlang und sprach mit den Fahrern in ihren hübschen Kutschen. In die Mähnen der Pferde waren bunte Bänder und Glöckchen eingeflochten. Die Kutschen waren geschmückt mit roten und grünen Lämpchen.

Die Fahrer boten ihre Hilfe an. Sie sahen sich alle genau

das Foto von Jamie in der Zeitschrift an. »Ein goldiges kleines Mädchen ... sieht aus wie ein Engel.« Alle versprachen, nach ihr Ausschau zu halten. Im Plaza redete sie mit dem Portier, mit den Empfangsdamen und der Bedienung im Palm Court. Die Weihnachtsdekoration erleuchtete die Lobby. Das Palm Court Restaurant in der Mitte der Lobby war besetzt mit gutgekleideten Leuten, die an ihren Cocktails nippten, mit Leuten, die spät und erschöpft vom Einkaufen gekommen waren und sich jetzt auf eine schöne Tasse Tee und ein schmackhaftes Sandwich freuten.

Susan hatte in der Zeitschrift die Seite mit Jamies Foto aufgeschlagen. Immer wieder fragte sie: »Haben Sie sie gesehen?«

Zufällig warf sie einen Blick in den Spiegel neben dem Aufzug. Durch die Feuchtigkeit begann sich ihr Haar um ihr Gesicht und auf der Schulter zu locken. Ihr Gesicht war sehr bleich, aber es war das Gesicht, das Jamie haben würde, wenn sie erwachsen war. Falls sie erwachsen werden würde.

Niemand im Plaza erinnerte sich an ein Kind, das allein gewesen war. FAO Schwarz war ihre nächste Station. Das Spielzeuggeschäft war bevölkert mit Leuten, die noch schnell auf den letzten Drücker Teddybären und Spiele und Puppen kauften. Niemand erinnerte sich an ein Kind ohne Begleitung. Sie ging in den zweiten Stock. Die Verkäuferin studierte nachdenklich das Foto. »Ich bin mir nicht ganz sicher, ich hatte sehr viel zu tun, aber da war ein kleines Mädchen, das nach einer Minnie-Mouse-Stoffpuppe fragte. Ihr Vater wollte sie ihr kaufen, aber sie sagte ›nein‹. Das fand ich ungewöhnlich. Ja, natürlich, das Kind hat eine frappierende Ähnlichkeit mit dem auf dem Foto.«

»Aber ihr Vater war dabei«, murmelte Susan und fügte hinzu, »vielen Dank«, und drehte sich so schnell um, daß sie nicht mehr hörte, wie die Verkäuferin sagte, sie *dachte*, es wäre der Vater gewesen.

Die Verkäuferin starrte Susan hinterher, als diese in den Aufzug einstieg. Wenn sie jetzt so drüber nachdachte: Welches Kind sagte schon nein, wenn ihr der Vater eine Stoffpuppe kaufen wollte? Und irgendwie war der Typ auch unheimlich gewesen. Einen hartnäckigen Kunden nicht weiter beachtend, rannte die Verkäuferin hinter dem Ladentisch hervor, um Susan einzuholen. Zu spät – Susan war schon verschwunden.

Als Jamie die Minnie-Mouse-Puppe sah, hätte sie nur noch heulen mögen. Aber sie konnte nicht zulassen, daß der Mann ihr ein Geschenk kaufte, das wußte sie. Sie hatte Angst, daß er ihr immer noch folgte.

Draußen waren nicht mehr so viele Menschen auf der Straße. Sie vermutete, daß jetzt alle heimgingen. An einer der Straßenecken sangen Leute Weihnachtschoräle. Sie blieb stehen und hörte ihnen zu. Sie wußte, daß der Mann, der ihr gefolgt war, auch stehengeblieben war. Die Frauen, die da sangen, hatten Häubchen statt Hüte auf. Eine von ihnen lächelte ihr zu, als das Lied zu Ende war. Jamie lächelte zurück und die Frau sagte: »Du bist doch nicht allein unterwegs, Kleines?« Es war ja nicht wirklich geschwindelt, denn sie tat ja so, als wär' sie mit Mami unterwegs, also sagte Jamie: »Nein. Mami ist da drüben.« Sie deutete auf eine Menschenmenge, die in ein Schaufenster starrte, und rannte auf sie zu.

In der Sankt-Patricks-Kathedrale blieb sie stehen und sah sich suchend um. Endlich fand sie die Krippe. Es standen viele Leute drum herum, aber das Jesuskind war nicht in der Krippe. Ein Mann steckte frische Kerzen in die Ständer, und Jamie hörte eine Frau fragen, wo denn die Statue des kleinen Heilands wäre. »Sie wird während der Mitternachtsmesse in die Krippe gelegt«, sagte er ihr.

Jamie gelang es, einen Platz direkt an der Krippe zu ergattern. Sie flüsterte das Gebet, das sie schon dauernd vor sich hin gesagt hatte: »Wenn du heute abend kommst, bring bitte auch Mami mit.«

Es kamen sehr viele Leute in die Kirche. Die Orgel fing an zu spielen. Sie liebte den Klang der Orgel. Es war angenehm, hier ein bißchen zu sitzen und sich auszuruhen, wo es nett und warm war. Als sie gerade der Frau gesagt hatte, Mami wäre bei ihr, schien es plötzlich wahr zu sein. Jetzt würde sie zum Baum gehen und dann zu Lord und Taylor. Und wenn ihr der Mann dann immer noch folgte, würde sie ihn vielleicht fragen, was sie denn tun soll. Vielleicht mochte er sie, weil er ihr schon so lange nachlief, und vielleicht wollte er wirklich auf sie aufpassen.

Susan musterte die Gesichter der Kinder, die vorbeikamen. Ein kleines Mädchen ließ ihren Atem stocken – blondes Haar, eine rote Jacke. Aber es war nicht Jamie. Alle paar Blöcke standen Freiwillige, als Weihnachtsmänner verkleidet, und sammelten für die Wohlfahrt. Jedem einzelnen zeigte sie Jamies Foto. Ein Chor der Heilsarmee sang an der Ecke 53. Straße. Ein Mitglied des Chores hatte ein kleines Mädchen gesehen, das wie Jamie ausgesehen hatte. Aber das Kind hatte gesagt, seine Mutter wäre dabei. Leutnant Garrigan holte sie ein, als sie gerade in die Kathedrale gehen wollte. Er saß in einem Streifenwagen. Susan bemerkte Mitgefühl in seinen Augen, als er sah, wie sie das Foto hochhielt.

»Ich fürchte, Sie verschwenden Ihre Zeit, Susan«, sagte

er. »Ein Busfahrer hat zwei Frauen und ein kleines Mädchen gesehen, als sie in seine Linie 410 beim Hafenamt eingestiegen sind. Das stimmt zeitlich mit der Aussage des Wachbeamten überein, der sie weggehen sah.«

Susans Lippen fühlten sich an wie Sandpapier. »Wo sind sie hingefahren?«

»Er hat sie an der Pascack Road, Stadt Washington, New Jersey rausgelassen. Die Polizei dort arbeitet mit uns zusammen. Ich hoffe immer noch, daß sich die beiden Frauen melden ... wenn sie sie wirklich mitgenommen haben. CBS ist damit einverstanden, daß Sie kurz vor den 7-Uhr-Nachrichten Ihre Suchmeldung verlesen. Aber wir müssen uns beeilen.«

»Können wir die Fifth Avenue runterfahren an Lord and Taylor vorbei?« fragte Susan. »Ich weiß nicht – ich habe so eine Ahnung ...«

Auf ihr Drängen hin fuhr der Streifenwagen langsam. Susan blickte von einer Straßenseite zur anderen und konzentrierte sich, damit ihr kein Fußgänger entging. Tonlos erzählte Susan, daß eine Verkäuferin ein Kind, das Jamie ähnlich sah, gesehen hätte, aber zusammen mit seinem Vater, und daß eine Frau aus einem Chor der Heilsarmee ein Kind, das Jamie ähnelte, gesehen hatte, doch da wäre die Mutter dabeigewesen. Sie bestand darauf, daß sie vor Lord und Taylor anhielten. Die Leute standen geduldig in einer Reihe an, um die Märchenausstellung zu sehen. »Ich hab' nur daran gedacht: Wenn Jamie in New York ist und sich daran erinnert ...« Sie biß sich auf die Lippen. Leutnant Garrigan dachte jetzt bestimmt, sie wäre albern. Das kleine Mädchen in dem blau-grünen Anorak war ungefähr so groß wie Jamie. Nein. Das Kind dort, halb verdeckt hinter dem stämmigen Mann. Sie musterte es genauestens, dann schüttelte sie den Kopf. Leutnant Garrigan zog sie am Ärmel. »Ehrlich, ich denke, es ist das Beste, was Sie tun können, Jamie über das Fernsehen suchen zu lassen.«

Widerwillig gab Susan nach.

Jamie sah den Schlittschuhläufern zu. Sie sausten über die Eisbahn vor dem Weihnachtsbaum, wie lebendig gewordene Puppen. Bevor Papa sie mitgenommen hatte, waren Mami und sie auf einem Weiher in der Nähe ihres Hauses Schlittschuh gelaufen ... Mami hatte ihr Anfänger-Schlittschuhe gegeben.

Der Baum war so hoch, daß sie sich fragte, wie sie die Lichter da dran gekriegt hatten. Letztes Jahr hatte Mami auf der Leiter gestanden, um den Christbaum zu schmücken, und sie hatte ihr die Verzierungen hinaufgereicht.

Jamie legte ihr Kinn auf die Hände. Sie konnte gerade über das Geländer auf den Eisplatz schauen. Sie fing an, im Geist mit Mami zu sprechen: »Gehen wir nächstes Jahr zum Schlittschuhlaufen hierher? Ob dann meine Schuhe noch passen? Oder vielleicht krieg' ich größere?« Sie konnte genau sehen, wie Mami lächelte und sagte: »Natürlich, Liebling.« Oder vielleicht würde sie auch einen Spaß machen und sagen: »Nein, ich glaub', wir schneiden die Füße ab, dann passen deine alten noch.«

Jamie drehte sich von dem Baum ab. Sie hatte nur noch eine Station vor sich, die Märchenfenster von Lord and Taylor. Der Mann und die Frau neben ihr standen Hand in Hand da. Sie zog der Frau am Ärmel. »Meine Mami hat gesagt, ich soll Sie fragen, wie weit es zu Lord and Taylor ist?«

Zwölf Blocks weiter. Das war eine Menge. Aber sie mußte das So-tun-als-ob-Spiel zu Ende spielen. Es fing an, stärker zu schneien. Sie versteckte ihre Hände in den Ärmeln und senkte den Kopf, daß ihr der Schnee nicht in die Augen kam. Sie blickte sich nicht um, ob der Mann ihr immer noch folgte – sie wußte, daß er es tat. Aber solange sie neben anderen Leuten herlief, kam er nicht näher.

Der Streifenwagen fuhr bei den CBS-Studios in der 57. Straße nahe der Eleventh Avenue vor. Leutnant Garrigan ging mit ihr hinein. Sie wurden die Treppen hinaufgeschickt, und ein Produktionsassistent sprach mit Susan. »Wir werden diese Suchmeldung ›Der verlorene Engel‹ nennen. Wir senden eine Großaufnahme von Jamie, und dann können Sie Ihre Suchmeldung verlesen.«

Susan wartete in der Ecke des Fernsehstudios. Irgend etwas in ihrem Innersten drohte herauszubrechen. Es war, als hörte sie Jamies Stimme, die nach ihr rief. Leutnant Garrigan wartete mit ihr. Sie packte ihn am Arm. »Sagen Sie Ihnen, sie sollen das Foto senden, und jemand anders soll die Suchmeldung verlesen. Ich muß zurück.«

Ein scharfes »Schsch« brachte ihr zu Bewußtsein, daß sie die Stimme erhoben hatte und offensichtlich bis zu einem Mikrofon vorgedrungen war. Sie zog den Leutnant am Arm. »Bitte, ich muß zurück!«

Jamie wartete in der Schlange vor den Märchenfenstern von Lord und Taylor. Sie waren genauso schön, wie Mami es versprochen hatte, wie die Bilder in ihren Märchenbüchern, aber hier bewegten sich die Figuren und verbeugten sich und winkten. Sie merkte, daß sie zurückwinkte. Sie waren wie richtige Menschen. Und es sah fast so aus, als würden sie ihr So-tun-als-ob-Spiel verstehen.

»Nächstes Jahr«, flüsterte Jamie, »kommen Mami und ich wieder zusammen her.« Sie wäre gern davor stehengeblieben und hätte den wunderschönen Figuren noch länger zugesehen, wie sie sich verbeugten und drehten und lächelten, aber irgend jemand sagte dauernd: »Bitte weitergehen, danke.«

Leider war das So-tun-als-ob-Spiel hier zu Ende. Sie war überall dort gewesen, wo sie und Mami hatten hingehen wollen. Jetzt wußte sie nicht mehr, was sie tun sollte. Ihre Stirn war ganz naß vom Schnee, und sie strich ihr Haar zurück. Sie fühlte die kalte nasse Luft auf ihrem Kopf.

Sie wollte nicht aufhören, sich die Schaufenster anzusehen. Sie drückte sich an die Schnur, damit die Leute an ihr vorbeikamen. »Du bist verlorengegangen, nicht wahr, Liebes?« Sie sah auf. Es war der Mann, der ihr gefolgt war. Er redete so leise, daß sie ihn kaum verstand. »Wenn du weißt, wo du wohnst, bring' ich dich nach Hause«, flüsterte er.

Ein kleiner Hoffnungsschimmer regte sich bei Jamie. »Würden Sie bitte meine Mutter anrufen«, sagte sie. »Ich weiß die Telefonnummer.«

»Natürlich. Gehen wir.« Er griff nach ihrer Hand. »Komm«, flüsterte er, »wir müssen gehen.«

Irgend etwas tat Jamie weh – nicht weil sie müde war, fror und Hunger hatte. Sie hatte Angst. Sie preßte sich an die Ecke der Fenster, starrte auf die Puppenfiguren und flüsterte ihr Jesuskindgebet. »Bitte, bitte, laß Mami kommen.«

Der Streifenwagen fuhr vor. »Ich weiß, Sie denken, ich bin übergeschnappt«, sagte Susan. Ihre Stimme verstummte, als sie die immer noch dichte Menschenmenge musterte. Es hatte stark zu schneien begonnen, und die Leute schlugen ihre Mantelkragen und Kapuzen hoch und banden ihre Schals fester. Es standen auch einige Kinder in der Schlange, aber es war unmöglich, ihre Gesichter zu sehen, weil sie in die Fenster sahen. Sie öffnete gerade die Wagentür, als sie hörte, wie Leutnant Garrigan zum Fahrer sagte: »Sieh mal, wen wir da haben, drüben in der Schlange! Das ist doch dieser ekelhafte Sittenstrolch, dieses Schwein, das nicht zu seinem Prozeß aufgetaucht ist. Komm!«

Erschrocken sah Susan, wie sie über den Bürgersteig hechteten, sich durch die Menge drückten, den dünnen Mann mit der schmutzigen Jacke an den Armen packten und zum Streifenwagen zerrten.

Und dann sah sie sie. Die kleine Gestalt, die sich nicht mit den anderen Passanten herumgedreht hatte, die kleine Gestalt mit den weißblonden Haaren, die sich um das vertraute Gesicht bis auf die Schultern lockten.

Völlig benommen ging Susan auf Jamie zu. Endlich konnte sie sie wieder in die Arme schließen. Sie beugte sich zu Jamie hinunter und hörte, wie Jamie immer wieder flehte: »Bitte, bitte, laß Mami kommen.«

Susan sank auf die Knie. »Jamie«, flüsterte sie. Jamie dachte, sie würde immer noch das So-tun-als-ob-Spiel spielen.

»Jamie.«

Aber es war kein Spiel. Jamie drehte sich um und fühlte, daß sie jemand umarmte. Mami. Es war Mami. Sie warf Mami die Arme um den Hals. Sie vergrub den Kopf in Mamis Schulter. Mami drückte sie ganz fest. Mami wiegte sie hin und her. Mami sagte ihren Namen, immer wieder.

»Jamie. Jamie.« Mami weinte. Die Menschen um sie

herum lächelten und klatschten und gratulierten. Und in den Märchenfenstern verbeugten sich die wunderschönen Puppen und winkten.

Jamie streichelte Mamis Backe. »Ich wußte, daß du kommst«, flüsterte sie.

Selma Lagerlöf

Ein Weihnachtsgast

Einer von denen, die das Kavaliersleben auf Ekeby genossen hatten, war der kleine Ruster, der Noten transponieren und Flöte spielen konnte. Er war von niedriger Herkunft und arm, ohne Heim und ohne Familie. Als die Schar der Kavaliere sich zerstreute, brachen schwere Zeiten für ihn an.

Nun hatte er kein Pferd und keinen Wagen mehr, keinen Pelz und keine rotgestrichene Proviantkiste. Er mußte zu Fuß von Gehöft zu Gehöft ziehen und trug seine Habseligkeiten in ein blaukariertes Taschentuch eingebunden. Den Rock knöpfte er bis zum Kinn hinauf zu, so daß niemand sehen konnte, wie es um das Hemd und die Weste bestellt war, und in dessen weiten Taschen verwahrte er seine kostbarsten Besitztümer: die auseinandergeschraubte Flöte, die flache Schnapsflasche und die Notenfeder.

Sein Beruf war, Noten abzuschreiben, und wenn alles gewesen wäre wie in alten Zeiten, so hätte es ihm nicht an Arbeit gefehlt. Aber mit jedem Jahre, das verging, wurde die Musik oben in Värmland weniger gepflegt. Einstweilen wurde er noch als alter Freund auf den Herrenhöfen aufgenommen, aber man jammerte, wenn er kam, und freute sich, wenn er ging. Er roch nach Branntwein, und sobald er ein paar Schnäpse oder einen Toddy bekommen hatte, wurde er wirr und erzählte unerquickliche Geschichten. Er war die Geißel der gastfreien Gutshöfe.

Einmal kam er um die Weihnachtszeit nach Löfdala, wo Liljekrona, der große Violinspieler, daheim war. Liljekrona war auch einer der Ekebykavaliere gewesen, aber nach dem Tode der Majorin zog er auf sein prächtiges Gut Löfdala und blieb dort. Nun kam Ruster in den Tagen vor dem Weihnachtsabend zu ihm, störte die Festvorbereitungen und verlangte Arbeit. Liljekrona gab ihm einige Noten abzuschreiben, um ihn zu beschäftigen.

»Du hättest ihn lieber gleich fortschicken sollen«, sagte seine Frau, »jetzt wird er das so in die Länge ziehen, daß wir ihn über den Heiligen Abend hierbehalten müssen.«

»Irgendwo muß er doch sein«, sagte Liljekrona. Und er bewirtete Ruster mit Toddy und Branntwein, leistete ihm Gesellschaft und sprach die ganze Ekebyer Zeit noch einmal mit ihm durch. Aber er war verstimmt und seiner überdrüssig, er wie alle die andern, obgleich er es nicht merken lassen wollte, denn alte Freundschaft und Gastlichkeit waren ihm heilig. Aber in Liljekronas Haus hatten sie sich nun drei Wochen lang für das Weihnachtsfest gerüstet. Sie hatten in Unbehagen und Hast gelebt, sich die Augen bei Talglichtern und Kienspänen verdorben, im Schuppen beim Fleischeinsalzen und im Bräuhaus beim Bierbrauen gefroren. Doch die Hausfrau wie die Dienstleute hatten sich allem ohne Murren unterzogen.

Wenn alle Verrichtungen beendet waren und der Heilige Abend anbrach, dann würde ein großer Zauber sie gefangen nehmen. Am Weihnachtsfest würde ihnen Scherz und Spaß, Reim und Fröhlichkeit ohne alle Mühe über die Lippen kommen. Alle würden sich mit Lust im Tanze drehen, und aus den dunklen Winkeln der Erinnerung würden die Worte und Melodien der Tanzspiele auftauchen, obgleich man gar nicht glauben konnte, daß sie noch immer da waren. Und dann würden sie alle so gut sein, so gut!

Aber als nun Ruster kam, fand der ganze Haushalt von Löfdala, daß Weihnachten verdorben war. Die Hausfrau und die älteren Kinder und treuen Diener waren alle derselben Meinung. Ruster versetzte alle in lähmende Angst. Sie fürchteten überdies, daß, wenn er und Liljekrona anfingen, sich in den alten Erinnerungen zu ergehen, das Künstlerblut in dem großen Violinspieler aufflammen würde und sein Heim ihn verlieren mußte. Einst hatte es ihn nie lange daheim gelitten.

Es läßt sich nicht beschreiben, wie sie jetzt auf dem Hofe den Hausherrn liebten, seitdem er ein paar Jahre bei ihnen geblieben war. Und was hatte er zu geben, besonders an Weihnachten! Er hatte seinen Platz nicht auf irgendeinem Sofa oder Schaukelstuhl, sondern auf einer hohen, schmalen, glattgescheuerten Holzbank in der Kaminecke. Wenn er dort saß, dann zog er auf Abenteuer aus. Er fuhr rings um die Erde, er stieg zu den Sternen und noch höher empor. Er spielte und sprach abwechselnd, und alle Hausleute versammelten sich um ihn und hörten zu. Das ganze Leben wurde glanzvoll und schön, wenn der Reichtum dieser einzigen Seele es überstrahlte.

Darum liebten sie ihn, so wie sie das Weihnachtsfest, die Freude, die Frühlingssonne liebten. Und als nun der kleine Ruster kam, war ihr Weihnachtsfriede zerstört. Sie hatten vergeblich gearbeitet, wenn dieser kam und den Herrn des Hauses fortlockte. Es war ungerecht, daß dieser Säufer am Weihnachtstische eines frommen Hauses sitzen und alle Weihnachtsfreude stören sollte.

Am Vormittag des Weihnachtsabends hatte der kleine Ruster seine Noten fertiggeschrieben, und da sprach er vom Fortgehen, obgleich es natürlich seine Absicht war, zu bleiben.

Liljekrona war von der allgemeinen Verstimmung angesteckt und sagte darum gezwungen und matt, daß es wohl das beste wäre, wenn Ruster über Weihnachten da bliebe, wo er war.

Der kleine Ruster war stolz und leicht entflammt. Er drehte seinen Schnurrbart auf und schüttelte die schwarze Künstlermähne, die gleich einer dunklen Wolke um seinen Kopf stand. Was meinte Liljekrona eigentlich? Er sollte bleiben, weil er an keinen anderen Ort fahren konnte? Ah, man denke nur, wie sie in den großen Eisenwerken im Broer Kirchspiel standen und auf ihn warteten! Die Gaststube war bereit, der Willkommensbecher gefüllt. Er hatte solche Eile. Er wußte nur nicht, zu wem er zuerst fahren sollte. »Gott bewahre«, sagte Liljekrona, »so fahre doch.« Nach dem Mittagessen lieh sich der kleine Ruster Pferd und Schlitten, Pelz und Decken. Der Knecht von Löfdala sollte ihn zu irgendeinem Gutshof in Bro kutschieren und dann rasch heimfahren, denn es sah nach einem Schneesturm aus.

Niemand glaubte, daß er erwartet wurde oder daß es ein einziges Haus in der Umgegend gab, wo er willkommen gewesen wäre. Aber sie wollten ihn so gerne loswerden, daß sie sich dies verhehlten und ihn ziehen ließen. »Er hat es selbst gewollt«, sagten sie. Und nun, dachten sie, wollten sie fröhlich sein. Aber als sie sich gegen fünf Uhr im Eßsaal versammelten, um Tee zu trinken und um den Christbaum zu tanzen, schwieg Liljekrona verstimmt. Er setzte sich nicht auf die Märchenbank, er berührte weder Tee noch Punsch, er erinnerte sich an keine Polka, die Violine war ihm verleidet. Wer spielen und tanzen wollte, mochte es ohne ihn tun.

Da wurde die Gattin unruhig, da wurden die Kinder mißvergnügt, alles im ganzen Haus ging verkehrt. Es wurde der allertraurigste Weihnachtsabend.

Die Grütze brannte an, die Lichter flackerten, das Holz rauchte, der Wind blies bittere Kälte in die Stuben. Der Knecht, der Ruster kutschiert hatte, kam nicht heim. Die Haushälterin weinte, die Mägde zankten.

Plötzlich erinnerte sich Liljekrona, daß man den Spatzen keine Garbe hinausgehängt hatte, und er beklagte sich laut über alle Frauen rings um ihn, die alte Sitten außer acht ließen und neumodisch und herzlos waren. Aber sie begriffen wohl, daß ihn Gewissensbisse quälten, weil er den kleinen Ruster am heiligen Weihnachtsabend aus seinem Hause hatte fortgehen lassen.

Und ehe man sich's versah, ging Liljekrona in sein Zimmer, versperrte die Tür und begann zu spielen, wie er nicht gespielt, seit er zu wandern aufgehört hatte. Es war Haß und Hohn, es war Sehnsucht und Sturm. Ihr dachtet mich zu binden, aber ihr müßt eure Fesseln umschmieden. Ihr dachtet mich so kleinmütig zu machen, wie ihr selbst seid. Aber ich ziehe hinaus ins Große, ins Freie, Alltagsmenschen, Haussklaven, fangt mich, wenn es in eurer Macht steht!

Als die Gattin diese Töne hörte, sagte sie: »Morgen ist er fort, wenn Gott nicht in dieser Nacht ein Wunder tut. Jetzt hat unsre Ungastlichkeit gerade das hervorgerufen, was wir vermeiden wollten.«

Inzwischen fuhr der kleine Ruster durch das Schneetreiben. Er zog von einem Haus zum andern und fragte, ob es Arbeit für ihn gäbe, aber nirgends wurde er aufgenommen. Sie forderten ihn nicht einmal auf, aus dem Schlitten zu steigen. Einige hatten das Haus voll Besuch, andere wollten am Weihnachtstage über Land fahren. »Versuche es beim nächsten Nachbar«, sagten sie alle.

Er mochte immerhin kommen und das Behagen von ein paar Werktagen stören, nicht aber das des Weihnachtsabends. Das Jahr hatte nur einen Weihnachtsabend, und auf den hatten sich die Kinder den ganzen Herbst über gefreut. Man konnte doch diesen Menschen nicht an einen Weihnachtstisch setzen, wo es Kinder gab. Früher hatten sie ihn gern aufgenommen, aber nicht jetzt, wo er trank. Was sollte man auch mit dem Menschen anfangen? Die Gesindestube war zu schlecht und das Gastzimmer zu fein.

So mußte der kleine Ruster von Hof zu Hof ziehen in dem peitschenden Schneesturm. Der nasse Schnurrbart hing schlaff über den Mund, die Augen waren blutunterlaufen und verschleiert, aber der Branntwein verflüchtigte sich aus seinem Hirn. Ruster begann zu grübeln und zu staunen. War es möglich, war es möglich, daß niemand ihn aufnehmen wollte? Da sah er mit einem Male sich selbst. Er sah, wie jämmerlich und verkommen er war, und er begriff, daß er den Menschen verhaßt sein mußte. Mit mir ist es aus, dachte er. Es ist aus mit dem Notenschreiben, es ist aus mit der Flöte. Niemand auf Erden braucht mich, niemand hat Barmherzigkeit mit mir. Der Schneesturm pfiff und spielte, er riß die Schneehaufen auf und türmte sie wieder zusammen, er nahm eine Schneesäule in die Arme und tanzte damit übers Feld, er hob eine Flocke himmelhoch und stürzte eine andere in eine Grube. »So ist es, so ist es«, sagte der kleine Ruster, »solange man fährt und tanzt, ist es ein fröhliches Spiel, doch wenn man hinab in die Erde soll, dort eingebettet und verwahrt werden, dann ist es Kummer und Leid.« Doch hinab mußten alle, und jetzt war er an der Reihe. Er war am Ende.

Er fragte nicht danach, wohin der Knecht ihn führte. Er glaubte, daß er in das Reich des Todes fuhr.

Der kleine Ruster verbrannte keine Götter auf dieser Fahrt. Er verfluchte weder das Flötenspiel noch das Kavaliersleben, er dachte nicht, daß es besser für ihn gewesen wäre, wenn er die Erde gepflügt oder Schuhe genäht hätte. Aber darüber klagte er, daß er nun ein ausgespieltes Instrument war, das die Freude nicht mehr gebrauchen konnte. Niemanden klagte er an, denn er wußte, wenn das Waldhorn gesprungen ist und die Gitarre ihre Stimme verloren hat, dann müssen sie fort. Er wurde plötzlich ein sehr demütiger Mensch. Er begriff, daß es mit ihm zu Ende ging, jetzt am Weihnachtsabend. Der Hunger oder die Kälte würden ihn umbringen, denn er verstand nichts, er taugte zu nichts und hatte keine Freunde. Da bleibt der Schlitten stehen, und auf einmal ist es hell um ihn, und er hört freundliche Stimmen, und da ist jemand, der ihn in ein warmes Zimmer führt, und jemand, der ihm heißen Tee bringt. Der Pelz wird ihm abgenommen, und mehrere Menschen rufen, daß er willkommen ist, und warme Hände bringen Leben in seine erstarrten Finger.

Von alledem wurde ihm so wirr im Kopfe, daß er wohl eine Viertelstunde nicht zur Besinnung kam. Er konnte unmöglich begreifen, daß er wieder nach Löfdala gekommen war. Er war sich gar nicht bewußt gewesen, daß der Knecht es satt bekommen hatte, im Schneesturm herumzufahren, und nach Hause umgekehrt war.

Ebensowenig verstand er, warum er jetzt in Liljekronas Haus so freundlich empfangen wurde. Er konnte nicht wissen, daß Liljekronas Gattin begriff, welche schwere Fahrt er an diesem Weihnachtsabend gemacht hatte, wo er an jeder Tür, an die er geklopft hatte, abgewiesen worden war. Sie hatte so großes Mitleid mit ihm bekommen, daß sie ihre eigenen Sorgen vergaß.

Liljekrona setzte das wilde Spielen in seinem Zimmer fort. Er wußte nichts davon, daß Ruster gekonnnen war. Dieser saß indessen mit der Frau und den Kindern im Speisesaal. Die Dienstleute, die am Weihnachtsabend auch da zu sein pflegten, waren vor der Langeweile bei der Herrschaft in die Küche geflüchtet.

Die Hausfrau versäumte nicht, Ruster zu beschäftigen. »Sie hören ja, Ruster«, sagte sie, »daß Liljekrona den ganzen Abend nur spielt, und ich muß mich um das Tischdecken und das Essen kümmern. Die Kinder sind ganz verlassen. Sie müssen sich der zwei Kleinsten annehmen, Ruster.«

Kinder, das war ein Menschenschlag, mit dem Ruster am wenigsten in Berührung gekommen war. Er hatte sie weder im Kavaliersflügel noch im Soldatenzelt getroffen, weder in Gasthöfen noch auf Landstraßen. Er scheute sich beinahe vor ihnen und wußte nicht, was er sagen sollte, das fein genug für sie war.

Er nahm die Flöte hervor und lehrte die Kinder, Klappen und Löcher mit den Fingern zu bedienen. Es waren zwei Knaben im Alter von vier und sechs Jahren. Sie bekamen eine Lektion auf der Flöte, und das interessierte sie sehr. »Das ist A«, sagte er, »und das ist C«, und dann griff er die Töne. Da wollten die Kleinen wissen, was das für ein A und was für ein C das war, das gespielt werden sollte. Da nahm Ruster Notenpapier heraus und zeichnete ein paar Noten.

»Nein«, sagten sie, »das ist nicht richtig.« Und sie eilten fort und holten ein Abc-Buch.

Da fing der kleine Ruster an, sie das Alphabet abzuhören. Sie konnten und konnten es nicht. Es sah windig aus mit ihren Kenntnissen. Ruster wurde eifrig, hob die Knirpschen auf seine Knie und begann sie zu unterrichten. Liljekronas Frau ging aus und ein und hörte ganz erstaunt zu. Es klang wie ein Spiel, und die Kinder lachten die ganze Zeit, aber sie lernten dabei, ja, das taten sie.

Ruster fuhr ein Weilchen fort, aber er war nicht recht bei dem, was er tat. Er wälzte die alten Gedanken, die er im Schneesturm gedacht hatte, in seinem Kopfe. Hier war es gut und behaglich, aber mit ihm war es doch auf jeden Fall aus. Er war verbraucht. Er würde fortgeworfen werden. Und urplötzlich schlug er die Hände vors Gesicht und begann zu weinen.

Da kam Liljekronas Frau hastig auf ihn zu.

»Ruster«, sagte sie, »ich kann verstehen, daß Sie glauben, für Sie sei alles aus. Sie haben kein Glück mit der Musik, und Sie richten sich durch den Branntwein zugrunde. Aber es ist noch nicht aus, Ruster.«

»Doch«, schluchzte der kleine Flötenspieler.

»Sehen Sie, so wie heute abend mit den Kleinen dazusitzen, das wäre etwas für Sie. Wenn Sie die Kinder lesen und schreiben lehren wollten, dann würden Sie wieder überall willkommen sein. Das ist kein geringeres Instrument, um darauf zu spielen, Ruster, als Flöte und Violine. Sehen Sie sie an, Ruster!«

Sie stellte die zwei Kleinen vor ihn hin, und er sah auf, blinzelnd, so als hätte er in die Sonne gesehen. Es war, als fiele es seinen kleinen trüben Augen schwer, denen der Kinder zu begegnen, die groß und klar und unschuldig waren.

»Sehen Sie sie an, Ruster!« ermahnte Liljekronas Frau.

»Ich getraue mich nicht«, sagte Ruster, denn es schien ihm wie ein Fegefeuer, in den Kinderaugen die Schönheit der Unschuld zu schauen.

Da lachte Liljekronas Frau hell und froh auf. »Dann sollen Sie sich an sie gewöhnen, Ruster. Sie sollen dieses Jahr als Schulmeister bei uns bleiben.«

Liljekrona hörte seine Frau lachen und kam aus seinem Zimmer.

»Was gibt es?« sagte er. »Was gibt es?«

»Nichts anderes«, antwortete sie, »als daß Ruster wiedergekommen ist und ich ihn zum Schulmeister für unsere kleinen Jungen bestellt habe.«

Liljekrona war ganz verblüfft. »Wagst du das«, sagte er, »wagst du es? Er hat wohl versprochen, nie mehr ...«

»Nein«, sagte die Frau, »Ruster hat nichts versprochen. Aber er wird sich vor mancherlei in acht nehmen müssen, wenn er jeden Tag kleinen Kindern in die Augen sehen soll. Wäre es nicht Weihnachten, hätte ich dies vielleicht nicht gewagt, aber wenn unser Herrgott es wagte, ein kleines Kindlein, das sein eigener Sohn war, unter uns Sünder zu setzen, dann kann ich es wohl auch wagen, meine kleinen Kinder versuchen zu lassen, einen Menschen zu retten.«

Liljekrona konnte gar nicht sprechen, aber es zitterte und zuckte in jeder Falte seines Gesichts, wie immer, wenn er etwas Großes hörte.

Dann küßte er seiner Frau die Hand, so fromm wie ein Kind, das um Verzeihung bittet, und rief laut: »Alle Kinder sollen kommen und Mutter die Hand küssen.« Das taten sie, und dann hatten sie ein fröhliches Weihnachtsfest in Liljekronas Heim.

Marlen Haushofer
Das Weihnachtsmahl der Untermieter

Am Nachmittag lud Frau Rossi ihre beiden Zimmernachbarn zum Weihnachtsmahl ein.

Herr Anders, den sie ziemlich gut kannte, sagte sofort zu. Er lag noch im Bett, weil er bis in den späten Morgen hinein getrunken hatte, und starrte sie aus erstaunten roten Augen an. Er begriff gar nicht, was sie sagte, knurrte »ja« und schlief sofort weiter. Erst zwei Stunden später, als er völlig erwachte, fiel ihm die Einladung wieder ein und er beschloß, sie anzunehmen, weil er erstens schlecht bei Kasse war und zweitens nicht wußte, wo er sonst hätte hingehen können.

Fräulein Anreither, die in ihrem winzigen Kabinett saß und an einem Petit-point-Täschchen stickte, sagte zu, weil sie mit Brennstoff knapp war und außerdem um bei der Rossi, die in ihren Augen eine Verlorene war, nicht den Eindruck von Hochmut zu erwecken.

Also ging Frau Rossi an die Vorbereitungen. Sie durfte als einzige der Untermieter die Küche benützen und bewohnte auch, weil sie die Zahlungskräftigste war, das größte und schönste Zimmer.

Gegen sechs Uhr ging die Besitzerin der Wohnung, eine Hofratswitwe, zu ihrer verheirateten Tochter, und wenige Minuten später kam Herr Anders in die Küche und holte sich in einem kleinen Blechnapf heißes Wasser zum Rasieren. Frau Rossi begoß fleißig den Braten, richtete den Salat an und füllte die schon am Vortag gebackene Torte. Sie war eine große, starkknochige Person von etwa vierzig Jahren und hatte eine schöne, biegsame Figur und dichtes rotbraunes Haar.

Nachdem Herr Anders ins Badezimmer gegangen war, kam auch Maria, die blonde Studentin, in die Küche und holte sich ein großes Glas Wasser zu einer Limonade. Was sie denn am Abend vorhabe, erkundigte sich die Rossi, und Maria sagte, sie habe gar nichts vor und werde zu Hause bleiben, soweit man überhaupt von zu Hause reden könne. Da lud Frau Rossi auch sie zum Festmahl ein, denn sie mochte das Mädchen gern und war in großzügiger Laune.

Um acht Uhr versammelte man sich um den runden Tisch, nur Herr Anders kam ein wenig zu spät, und die Frauen erkannten ihn fast nicht, denn er war glatt rasiert, sein schwarzes Haar gekämmt und seine Hose, seltsamerweise, wie gebügelt.

Fräulein Anreither fühlte sich verpflichtet, ein wenig Konversation zu machen, aber beim Anblick des saftigen Bratens vergaß sie auch das, und bald hörte man nichts mehr als das zarte Kauen, Glucksen und Schmatzen der Essenden. Erst beim Nachtisch, als jeder schon mehr oder weniger gesättigt war, kam ein Gespräch auf.

Frau Rossi drehte das Radio an, und man vernahm die ersten Weihnachtslieder: »O Tannenbaum«, »Ihr Kinderlein kommet« und »Leise rieselt der Schnee«. Und das machte sie alle ein wenig verlegen, bis auf Maria, die mit ihren neunzehn Jahren ein halbes Heidenkind war und keinerlei Erinnerungen mit diesem Gesang verband. Mit ihrem glatten, metallisch glänzenden Ponyhaar über der runden Stirn, dem rotgeschminkten, kleinen Mund und der wundervollen, rosigen Haut glich sie einer großen Puppe, und Herr Anders ertappte sich bei dem Wunsch, sie in den bloßen weißen Arm zu kneifen, nur um zu spüren, ob sie tatsächlich aus Fleisch gemacht sei.

Die Rossi, die ihn nicht verstand, lächelte träge. Fräulein Anreither sah mißtrauisch von ihrer Torte auf, überzeugt davon, daß selbst den harmlosesten Worten dieses Menschen eine geheime Unanständigkeit anhaften mußte.

Maria beachtete ihn überhaupt nicht. Sie interessierte sich nicht für Leute, die keinen Erfolg im Leben hatten und tagelang betrunken herumlagen. Da seufzte Herr Anders und wandte sich betrübt seinem Nachtisch zu.

Auf den ersten Blick sah Maria fast ein wenig töricht aus, sie war es aber nicht, denn wenn sie auch nicht genau hätte sagen können, was sie wollte, wußte sie doch sehr genau, was sie verabscheute. Besessen von dem Wunsch, aus ihrer armseligen Lage herauszukommen, war sie eine unerbittliche kleine Jungfrau, gewillt, sich eines Tages an den Meistbietenden zu verkaufen, für ein langes, angenehmes Leben ohne Hunger, Kälte und Schmerz. Ihre blauen Augen zeigten manchmal einen harten, ein wenig verrückten Glanz, und Anders, der sie als einziger richtig einschätzte, war davon überzeugt, sie würde selbst ihre Mutter um Geld verkaufen. Zweifellos hätte es Maria getan, aber sie erinnerte sich kaum an ihre Mutter, die sie während eines Bombenangriffes verloren hatte. Sie erinnerte sich überhaupt nur an winzige Bruchstücke ihres Lebens und dachte immerfort an die Zukunft.

Anders fröstelte und sah auf seine Nachbarin zur Rechten. Fräulein Anreither, dieses tapfere kleine Geschöpf, das sich mit Heimarbeiten durchbrachte, hatte, wie die Hofrätin zu sagen pflegte, einmal bessere Zeiten gesehen. Jetzt schob sie voll heimlicher Gier eine kandierte Kirsche in den Mund, sich ganz dem einzigen Genuß hingebend, den es für sie gab. Aber sie tat ihm nicht leid, niemand tat ihm leid, nicht einmal er selbst, obgleich die Versuchung dazu manchmal groß war.

Im Radio schickte sich jetzt jemand an, eine Ansprache zu halten, und Anders drehte es auf allgemeinen Wunsch ab.

Die Rossi räumte das Geschirr in die Küche, stellte eine Schüssel mit Lebkuchen, Äpfeln und Orangen auf den Tisch und brachte eine Flasche Wein zum Vorschein.

»Wenn man alt wird«, behauptete Fräulein Anreither, »vergeht die Zeit wie im Flug. Was sind zehn Jahre, gar nichts. Vor zehn Jahren hab' ich noch meine schöne Wohnung gehabt.« Sie starrte mit glänzenden Augen ins Licht. »Meine Wohnung, vier Neffen und drei Nichten. Heute wären sie in den besten Jahren, müßten Kinder haben und ihren Geschäften nachgehen. Aber sie sind tot, deklassiert oder verkommen wie meine Wohnung, mein Porzellan und meine Teppiche.«

Unbehagliches Schweigen folgte diesen Worten. »Und Sie?« sagte Fräulein Anreither streng und sah Anders mit ihren großen, wasserblauen Augen an, die von dünnen, gelben Häutchen überzogen schienen.

»Ich«, entgegnete Anders und wandte den Blick nicht von den baumelnden Mädchenbeinen, »ich hab' heute vor zehn Jahren einen Russen durch den Kopf geschossen, Schnaps getrunken und mich gefürchtet in meinem Erdloch.«

»Abscheulich«, stellte Fräulein Anreither fest.

»Wahrscheinlich«, gab Anders zu, »aber umgekehrt wäre es für mich noch viel abscheulicher, dann hätte ich nämlich nicht die Ehre, heute neben Ihnen zu sitzen.«

Plötzlich legte die Rossi, die bis jetzt merkwürdig ruhig

gewesen war, den Kopf auf die Arme und fing erstickt zu schluchzen an.

Anders seufzte, schenkte sich das Glas voll und schüttete es hinunter. Der Anblick der weinenden Frau machte ihn nervös und gereizt. »Aber, aber«, murmelte er töricht, »wer wird denn weinen, morgen kommt er ja wieder.«

Die Rossi hob das tränenüberströmte Gesicht und starrte ihn verständnislos an. Der Schmerz saß als weißglühender Fleck in ihren Augen und ließ ihn zurückweichen.

Dann lachte sie: »Glaubst du, ich hab' schon einmal um einen Mann geweint?«

Fräulein Anreither tätschelte ihren Arm und flüsterte: »Er versteht das nicht, meine Liebe; aber ich weiß, warum Sie weinen.« Sie war offenbar ein wenig betrunken.

Die Rossi schüttelte die kleine Hand ab. »Sie verstehen das?« höhnte sie. »Sie sind doch gar kein richtiger Mensch, nur so aus Wachs oder Pappendeckel.« Ihre schönen, großen Hände fegten verächtlich über das Tischtuch hin. Wie sie so über den Tisch hingeworfen lag, war sie häßlich und faszinierend zugleich mit dem zerzausten Haar, den verklebten Wimpern und den roten Flecken im weißen Gesicht.

»Ich hab' ein Kind gehabt, aber sie haben es mir genommen. Es war so finster auf dem Bahnsteig, und ich hab' doch Wasser holen müssen. Es hat geweint vor Durst und dann«, sie drückte die Faust gegen den Mund und war fast nicht zu hören, »dann war der Zug plötzlich weg! Verstehen Sie das, einfach weg.«

»Nein«, sagte Fräulein Anreither.

»Ich hab's auch nicht verstanden«, flüsterte die Rossi. »Weißt du«, sagte sie dann, »wie es ist, wenn man einen erschlagen oder erwürgen will, weißt du es?«

»Ich hab' es einmal gewußt«, sagte Anders, »aber ich hab's vergessen. Du mußt es auch vergessen.«

»Nein«, sagte die Rossi, »nein, und wenn ich wüßte, wer dran schuld ist, ich würde ihn, ich würde ihn ... Aber sie sind alle so klug und glatt und unschuldig, und sie reden, bis man schwindlig wird von ihren Lügen.« Sie legte die Hand um den Hals der Weinflasche. »Man müßte sie alle ...«

Anders sah die kräftige Frauenhand, die sich um den dunklen Flaschenhals schloß, bis auch die Nägel weiß wurden.

Peinigende Leere quälte ihn, wie immer, wenn er auf ein Gefühl stieß, das sich so schamlos und wild äußerte. Ohne zu wissen, was er tat, fuhr er fort, die Frau zu streicheln.

»Sie sollten so etwas nicht sagen«, sagte jetzt Fräulein Anreither, »obgleich Sie recht haben; man müßte sie nämlich wirklich erwürgen.« Sie sprach das Wort aus, als komme es zum erstenmal im Leben über ihre Lippen. »Aber Sie dürfen diesem Gefühl nicht nachgeben, es führt zu nichts.« Sie stand auf, eine kleine Gestalt im grauen Seidenkleid, und drehte das Radio an. »Holder Knabe im lockigen Haar«, sang ein Kinderchor, »schlaf in himmlischer Ruh.«

Anders wünschte, in die Erde zu versinken, aber nichts geschah. Die Rossi ging ins Badezimmer, und man hörte das Wasser laufen. »Stille Nacht, heilige Nacht«, erklang es von neuem, und immer wieder würde es erklingen, dieses Lied, das von der Erinnerung der Menschen an ihre verlorene Unschuld lebt; von Erinnerungen an weißbehangene Tannenbäume, zartes Schellengeklingel, Schnee, Weihrauchwolken, schwarzspiegelnde Eisflächen und die geliebten Gesichter, die es nicht mehr gibt.

Anders lauschte diesem Lied vom Heimweh der Menschheit und spürte den Atem Marias, die eingeschlafen war, auf der Hand, auf der Hand, die befleckt war vom Schmutz seines vierzigjährigen Lebens, mit Blut, Geld und Lastern.

Aber er wußte, daß er sein Leben nie ändern würde. Sanft begann er die Schulter des Mädchens zu streicheln.

Die Rossi kam wieder ins Zimmer und forderte ihre Gäste, ein wenig blaß, aber ruhig, zu einem Kartenspiel auf. Und während aus dem Radio alte Choräle erklangen, gewann Fräulein Anreither siebenmal hintereinander. Währenddessen träumte Maria, daß sie frierend und voll Angst in einer Ruine kauerte. Die Luft schmeckte bitter und staubig und brannte in ihren Augen. Dann kam ein großer Mann mit einer Soldatenmütze und hob sie in die Wärme unter seinen weiten Mantel. Von seinen Schritten auf und nieder gewiegt, wußte sie sich an dem Ort, den sie immer gesucht hatte und an dem sie bleiben wollte. Sie lächelte im Schlaf und entblößte ihre kleinen, weißen Zähne. Bei diesem Anblick verlor Anders die achte Partie.

Fräulein Anreither erhob sich und erklärte, zur Mette gehen zu wollen. Sie dankte Frau Rossi herzlich und kaum herablassend und ging aus dem Zimmer, eine kleine und beugsame Dame, der nichts geblieben war als die Grundsätze einer untergegangenen Klasse.

Anders fragte die Rossi, was mit Maria geschehen solle, und sie sah ihn aus schmalen Augen an und sagte: »Die bleibt heute bei mir.« Dann wartete sie mit zusammengezogenen Brauen, bis er gegangen war. Sie öffnete die Fenster und breitete eine Steppdecke über Maria. Während der blaue Zigarettenrauch in die kalte Nacht aufstieg, saß sie neben dem Mädchen, streichelte das schimmernde Haar, und es war ihr, als streichle sie auch ihr Kind und alle verlorenen und vergessenen Kinder, ja selbst die kleinen Toten in der gefrorenen Erde.

Dann fingen alle Glocken zu läuten an, und Frau Rossi stand auf, um die Fenster zu schließen.

Gertrud Storm
Weihnachten bei Theodor Storm

Unser Vater war ein echter, rechter Weihnachtsmann, er wußte jedes Fest erst recht zu einem Feste zu gestalten. Den ganzen Zauber der Weihnacht seiner Kindheit wußte er in unsere Weihnacht zu übertragen. Und so feiern auch wir, seine Kinder, unsere Weihnachtsfeste ganz im Sinne unseres Vaters. Der Weihnachtsbaum wird genau so geschmückt, wie er einst ihm geschmückt wurde, die Kuchen nach den althergebrachten Familienrezepten gebacken, wie sie schon sein Kinderherz entzückten.

Wenn das alte, liebe Weihnachtsfest wieder naht und ich mich in eine rechte Weihnachtsstimmung versetzen will, setze ich mich in der Dämmerung in einen tiefen Lehnstuhl. Von draußen wirft die Laterne traulich ein mattes Licht durch die Fenster. Ich schließe die Augen, und bald bin ich daheim in unserem großen, alten Hause in Husum in der Wasserreihe. Meine Geschwister und ich, wir sind wieder Kinder.

Es wird wieder einmal Weihnachten, und wir Kinder leben in goldenen Träumen, bis das im Leben so seltene Wunder eintritt, daß diese Träume in dem brennenden Weihnachtsbaum verkörpert vor uns stehen. Draußen auf den stillen Wegen des Gartens, den Sträuchern und alten Bäumen liegt glitzernder Schnee. Im ganzen Hause duftet es nach Tannen und braunen Weihnachtskuchen. Feststimmung guckt schon aus allen Ecken, wie eine Ahnung von Weihnachtsabend.

Es weihnachtet sehr – die Heimlichkeiten wachsen mit jedem Tage. Vater schließt sich immer häufiger in seiner Studierstube ein, und wir Kinder, die wir um die Zeit der heiligen Weihnacht gerne an den Türen lauschen, hören ihn die Tür des Nußbaumschrankes öffnen und leise wieder schließen. Dieser Nußbaumschrank birgt in seinem Innern alle Geheimnisse und Wunder fürs Weihnachtsfest. In einem unbewachten Augenblick treten wir doch ins Zimmer. Vater schließt schnell den Schrank, dann nimmt er uns in seine Arme, macht ein geheimnisvolles Gesicht, sieht uns innig an und sagt mit leiser Stimme nur das eine Wort »Weihnachten«.

In der Eßstube ist großes Kuchenbacken. Unsere Mutter und die Mädchen stehen mit aufgekrempelten Ärmeln. Sie rollen weißen und braunen Kuchenteig aus, der in großen Steintöpfen um den Ofen herum steht. Große schwarze Platten stehen bereit, die verschieden geformten Kuchen aufzunehmen, die dann von den Mädchen zum Bäcker getragen werden.

Auch wir Kinder haben unseren Teil bekommen. Wir stehen an unserem kleinen Kindertisch, ein weißes Nachthemd über unsere Kleider, ein gezipfeltes Taschentuch auf dem Kopfe.

Jedes von uns hat ein Klümpchen weißen und braunen Kuchenteig vor sich, der bald unter unseren geschäftigen kleinen Händen in die wunderbarsten Dinge gewandelt wird. Die Tür öffnet sich und unser Vater tritt mit dem freundlichsten Leuchten seiner blauen Poetenaugen ins Zimmer.

»Ihr seid ja alle gewaltig in der Fahrt«, neckt er und bewundert unsere herrlichen Schöpfungen, von denen man meistens nicht zu erkennen vermag, was sie vorstellen sollen. Es beginnt nun ein heimliches Geflüster zwischen

Vater und uns, und es gelingt uns, Vater einige kleine Weihnachtsüberraschungen verraten zu lassen, die unsere Freude am Weihnachtsabend keineswegs verringert.

»Morgen wollen wir vergolden und Netze schneiden«, spricht Vater verheißungsvoll.

Wenn wir in ein bestimmtes Alter gekommen waren, durften wir vergolden helfen und Netze schneiden. Die langen schmalen Streifen Rauschgold wurden freilich nur von unserem Vater geschnitten, mit seiner großen alten Papierschere, die ich so deutlich vor mir sehe.

Morgen ist heute geworden, und Vater nimmt uns mit in seine Studierstube. Die dunkle Holztäfelung der Decke, die tiefrote behagliche Färbung der Wände, an denen rings herum die Bücherregale laufen, und über dem Tische die helle leuchtende Lampe schauen uns behaglich und gar verheißungsvoll an. Auf dem Tisch ausgebreitet liegen Nüsse, Tannenzapfen, Eier und Schaumgold. Wir setzen uns alle um den Tisch und beginnen nach Vaters Anordnung Watte in Eiweiß zu tauchen, mit der wir vorsichtig die Nüsse und Tannenzapfen betupfen. Dann wird ein Stück Schaumgold auf die befeuchtete Stelle gelegt und vorsichtig mit Watte angetupft. Nun werden zwölf Netze vom feinsten weißen Konzeptpapier geschnitten. Uns Kindern klopft das Herz dabei: »Wenn wir nun die Spitzen abschneiden!« In die Netze kommen große, viereckige Bonbons, die wir alter Tradition gemäß in farbige Papiere wickeln, die durchaus die Farben grün, gold und hausrot haben müssen.

Auf diese Netze, in denen schon seine Kinderträume hingen, legte unser Vater besonderen Wert. Wer von uns zum ersten Mal in seinem kleinen Leben ein solches wunderbares Netz tadellos ausgeführt hatte, kam sich vor, als sei er nun erst ein fertiger kleiner Mensch geworden.

Die weißen Netze sind geschnitten und tadellos zu unseres Vaters innigster Befriedigung ausgefallen. Goldene Nüsse, Eier und Tannenzapfen heben sich leuchtend von der dunklen Tischplatte ab. Wir Kinder stehen ermüdet auf und wollen zu Bett gehen. Vater tritt ans Fenster, öffnet weit beide Flügel. – Der Mond scheint, und wir Kinder sehen deutlich zwischen Vaters ausgebreiteten Armen in den beschneiten Garten. Da spricht Vater mit leiser, wie von Musik getragener Stimme:

»Mondbeglänzte Zaubernacht,
Die den Sinn gefangen hält,
Wunderbare Märchenwelt,
Steig auf in der alten Pracht.«

Wir gehen still und nehmen den Zauber dieser Stimmung mit in unsere Träume, aus denen wir mit dem seligen Bewußtsein erwachen: »Heute ist er, der heilige Abend.« Nun beginnt ein buntes Treiben im Hause. Vater trägt alle seine Schätze selbst ins Weihnachtszimmer, in dem die zwölf Fuß hohe Tanne schon ihres Schmuckes wartet. Wir Kinder schmücken in unserer Kinderstube ein kleines, bescheidenes Bäumchen für arme Kinder. Wir haben ihn von unserem eigenen Gelde erstanden. Vater und Mama schließen sich unten ins große Weihnachtszimmer ein, gleich wenn man in den Flur tritt links, und der Märchenbaum fängt an sich zu entfalten. Die Brüder Hans und Ernst kommen heim, und Karl, unser stiller Musikant. Heute muß Vater alle seine Kinder um sich versammelt haben, um ein rechtes Weihnachtsgefühl zu empfinden. Die Fenster der Weihnachtsstube sind dicht verhangen, die vielen Türen, die ins Reich der Weihnachtswunder führen, verschlossen. Wir schleichen an die Fenster und knien vor den Türen. Meine jüngste Schwester Dodo hat ein besonderes Talent, mit unserer Mutter, verborgen in den Falten ihres Kleides, in die Weihnachtsstube zu schlüpfen.

Vom frühen Morgen an kommen Scharen von Kindern, die von Haus zu Haus ziehen und im Flur ihre hellen Kinderstimmen ertönen lassen: »Vom Himmel hoch, da komm' ich her.« Ein großer Korb mit Wasserkringeln steht schon bereit, mit denen die kleinen Sänger belohnt werden. Mittags wird nach althergebrachter Sitte Kaffee getrunken und Butterbrot gegessen. Der Kaffeekanne entströmt an diesem Tage ein wundersamer Duft, so duftet er nur einmal im Jahr, und die Butterbrote schmecken uns wie der schönste Kuchen.

Am Nachmittag wandern wir Kinder, jedes ein Körbchen am Arm, ins Kloster St. Jürgen. Wir wollen zwei alten Großtanten dort bescheren, »Tante Anna und Tante Christine«. Tante Anna wird von uns bevorzugt. In ihrem kleinen, behaglichen Altjungfernstübchen liegen wir schließlich auf der Erde vorm offenen Ofen und schauen in die rote Glut der verglimmenden Kohlen. Die liebe, alte Tante sitzt im alten Lehnstuhl neben uns, ihr feines altes Gesicht von einer weißen Spitzenhaube umrahmt. Sie erzählt uns altmodische Kindergeschichten, an die sich immer eine Moral knüpft. Wir hören interessiert zu, knacken dabei Nüsse und werfen die Schalen in die rote Glut – das knistert so schön. – So vergeht die Zeit – vom Kirchturm droben schlägt es halb fünf. Tante Anna hüllt uns sorgsam in unsere warmen Mäntel und Kapuzen, und fort geht es. Auf den Straßen liegt tiefe Dämmerung, der Schnee knirscht unter unseren Füßen. Schwärme von Kindern begegnen uns, hier und dort dringt aus einer geöffneten Haustür Gesang zu uns heraus. Wir fassen uns an den Händen und laufen und kommen atemlos heim.

Im Flur bleiben wir stehen und singen, als gehörten wir zu den Sängern. Die Köchin kommt aus der Küche gelaufen mit den üblichen Wasserkringeln. Sie jagt uns lachend und scheltend in die Kinderstube. Wir werden nun festlich geschmückt und gehen dann in die Studierstube unseres Vaters, wo wir schon unsere Großmutter mit ihrer getreuen Lebensgefährtin, von uns »Tante Tine« genannt, und zwei alte Freunde des Hauses in behaglichem Geplauder vorfinden.

Seit dem Tode unseres Großvaters schaut Großmutter unserer Bescherung zu. Großvater war zwar niemals bei der Bescherung zugegen, aber wir wußten doch, er saß währenddessen behaglich in seinem Kontor und freute sich über die kleinen Sendungen an Geld und Viktualien – meistens ein großes Stück Rauchfleisch –, die er von dort aus an Kinder und Schwiegerkinder gespendet hatte.

Nun auch er in das Land der Vergangenheit gegangen ist, läßt die bunte Kinderfreude diesen Abend der Erinnerung sanft für unsere alte Großmutter vorüber gehen.

Endlich ertönt der Klang der silbernen Glocke. Wir stürzen die Treppe herunter, die Flügeltüren fliegen auf, wir treten ein, jung und alt. Ein starker Duft von Tannen, brennenden Lichtern und braunen Weihnachtskuchen schlägt uns entgegen – und da steht er, der brennende Baum, im vollen Lichterglanz. Ich will ihn mit meines Vaters eigenen Worten schildern:

»Mit seinen Flittergoldfähnchen, seinen weißen Netzen und goldenen Eiern, die wie Kinderträume in den dunklen Zweigen hängen.« – Oder wie er in einem Brief an Freund Keller geschildert wird: »Der goldene Märchenzweig, dito die Traubenbüschel des Erlensamens und große Fichtenzapfen, an denen lebensgroße Kreuzschnäbel von Papiermaché sich anklammern. Rotkehlchen sit zen und fliegen in dem Tannengrün, und eines sitzt und singt bei seinem Nest mit Eiern. Feine weiße Netze, deren Inhalt sorgsam in Gold- und andere in Lichtfarben gewählte Papiere gewickelt ist.«

Der Märchenzweig ist eine Erfindung meines Bruders Ernst. Ein großer Lärchenzweig wird ganz vergoldet und so in der Mitte des Baumes befestigt, daß er seine schlanken feinen Zweige nach allen Seiten ausbreitet. Ein Freund unseres Hauses, Regierungsrat Petersen, der derzeit in Schleswig lebte, taufte den so vergoldeten Zweig »Märchenzweig«. Freund Petersen und Vater tauschten alle Jahre kleine Weihnachtsüberraschungen aus. In einem Jahre brachte er Vater kurz vor Weihnachten das erste Paket »Lametta«. Vater schreibt darüber:

»Unser Tannenbaum hat in diesem Jahr besonderes Aufsehen erregt. Freund Petersen brachte am Sonntag vor Weihnachten eine Tüte märchenhafter Silberfäden. Mit diesen feinen Silberfäden wurde der Baum umsponnen, daß er aussah wie fliegender Sommer.«

Unser Karl setzt sich ans Klavier und stimmt leise an: »Stille Nacht, heilige Nacht.« Wir alle stimmen ein. Das Weihnachtslied ist verklungen, wir umstehen den Baum und lassen die Wunder der Weihnacht still auf uns wirken. Vater nickt uns bewegt zu, legt den Arm um unsere Mutter und führt wie immer sie zuerst zu ihren Gaben, die geheimnisvoll umhüllt sind. Mitten auf dem Tisch steht zu Mamas grenzenloser Verwunderung Vaters Pelzmütze. Mama erfaßt sie zögernd, ihr Blick hängt fragend an dem unseres Vaters – und hervor rollt eine große Papierkugel. Ein Papier nach dem andern wird abgewickelt, bis sich schließlich in einem kleinen Kästchen verborgen ein feiner, goldener Ring dem erstaunten Blick zeigt.

Eine Schlange, die sich in den Schwanz beißt, ein solcher Ring war ein langgehegter Wunsch meiner Mutter. Vater erwartet leuchtenden Auges die Wirkung seiner Überraschung. Meine Schwester Ebbe sagte einmal bei solcher Gelegenheit: »Vater hat ein Weihnachtslicht in den Augen.« Nun führt Vater jedes seiner Kinder zu seinen Gaben, uns kleine zuerst. Puppen – wohin wir sehen, kleine und große – und Bücher, die durften niemals auf unserm Weihnachtstisch fehlen.

Wir haben uns müde gespielt – wir nehmen unsere Weihnachtsbücher und setzen uns im trauten Schein des Lichterbaumes und lesen. Gar verführerisch ist es, heimlich ein Stückchen Zuckerwerk abzuzupfen und es ebenso heimlich zu verzehren. Vater tritt leise zu uns unter den Tannenbaum, streicht uns sanft mit seiner schönen, schlanken Hand übers Haar und fragt: »Hab' ich's getroffen?«

Nachdem sich das erste Entzücken gelegt hat, bringt die Köchin das messingene Kohlenkomfort, auf dem gar bald der blitzblank geputzte Teekessel ein melodisches Lied anstimmt, und der Duft feinsten Tees vermischt sich mit dem der Tanne und der braunen Weihnachtskuchen. Die beiden Mädchen in den gleichen maiengrünen Festgewändern, mit Häubchen und blendend weißen Schürzen angetan, präsentieren den Tee, wir Kinder den knusperigen Weihnachtskuchen. So sitzen wir recht traut beisammen.

Da erklingt von draußen, vom Vorplatz, der Gesang einer tiefen melodischen Altstimme zu uns herein.

»O du fröhliche,
O du selige,
gnadenbringende Weihnachtszeit.«

Ein helles Leuchten verklärt das liebe Angesicht unseres Vaters, er steht leise auf, öffnet die Tür und zieht ein gar liebliches kleines Bettelmädchen herein.

Das Kind, mit von der Kälte geröteten Wangen, strahlenden Kinderaugen, das Gesichtchen von blonden Locken umrahmt, bleibt stumm und wie verzaubert im Türrahmen stehen.

Wir alle umstehen sie, sie muß noch einmal ihre glockenreine Stimme hören lassen. Dann erfaßt Vater eines ihrer schmutzigen kleinen Händchen und fragt sie liebreich:

»Was willst du nun haben, etwas zu essen oder Kuchen?«

»Danke, ich habe schon gegessen«, spricht das Kind zu unserer grenzenlosen Freude. Da heißt mein Vater sie ihr Schürzchen auftun, Mama nimmt vom Tisch einen vollen Teller Weihnachtskuchen und schüttet sie in die ausgebreitete Schürze.

Voll leuchtenden Dankes schaut das Kind zu Mama auf, wirft noch einen scheuen Blick auf all den Lichterglanz und die strahlenden Gesichter, und fort ist sie, die kleine Lichtgestalt, denn so erscheint sie uns trotz ihrer Lumpen.

Die Lichter sind erloschen, die glitzernde Pracht des Baumes leuchtet nur noch im matten Dämmerlicht der Lampen. Unsere Mutter ruft zum Festessen. – Wir Kinder trennen uns schweren Herzens vom Tannenbaum, unseren Puppen und Büchern. Sauerbraten und ein großer Apfelkuchen – Tante Moritz genannt – bilden das Festessen, Punsch, nach Vater kurzweg »Landvogt« genannt, ist das Festgetränk.

Wir alle sitzen an unseren Plätzen, der Punsch ist in die Gläser geschenkt, Vater erhebt sein Glas, er nickt uns allen voll innigster Befriedigung zu und sendet dann in einem kleinen Trinkspruch »einen vollen Gruß seiner Liebe« allen denen, die seinem reichen, liebevollen Herzen nah', an diesem Abend aber ferne von ihm sind. Der Apfelkuchen wird aufgetragen, nach dem unsere begehrlichen Kinderaugen schon lange ausschauen.

Einer der alten lieben Weihnachtsgäste wirft an jedem Weihnachtsabend zu unserer heimlichen Freude die Frage auf: »Ist das nicht Tante Moritz?« Und jedesmal folgt die prompte Antwort: »Ja, das ist Tante Moritz.«

Von Tante Moritz ist nach einer Weile keine Spur mehr, und nun geht es noch einmal zurück ins Weihnachtszimmer. Jeder von uns folgt seinen besonderen Neigungen. Meine Brüder ergreifen mit einem wahren Festtagsausdruck ihrer blauen Augen die neuen Bücher und ziehen sich mit ihnen in irgendeinen Schmunzelwinkel zurück. Wir Kinder nehmen unsere Puppen auf den Schoß und lauschen, denn Karl, unser Musikus, singt uns ein neueinstudiertes Lied von Robert Franz:

»Einen schlimmen Weg ging gestern ich,
einen Weg, den ich nicht wieder geh,
zwei süße Augen trafen mich,
zwei süß Augen, lieb und blau.«

Karl hat einen wunderbaren Bariton und singt einfach, mit tief zu Herzen gehendem Vortrag. Zum Schluß spielen Karl und meine Schwester Lisbeth »Nußknacker und Mausekönig« von Karl Reinike. Vater liest den Text dazu. So ist es immer bei uns. Lautlos lauschen wir alle, eine träumerisch-selige Stimmung umfängt uns. Der letzte Ton, das letzte Wort ist verklungen. Unsere Mutter mahnt leise zum Schlafengehen.

Draußen vor den Fenstern stäubt der Schnee, aber

während wir Kinder bald in einen tiefen Schlaf fallen, machen die Eltern und großen Geschwister noch einen Besuch im brüderlichen Hause in der Süderstraße.

Jahre kommen und gehen. Es ist unserm lieben Vater nicht mehr vergönnt, alle seine Kinder um den heimatlichen Weihnachtsbaum zu versammeln. Statt dessen werden Kisten gepackt und Pakete gemacht und Weihnachtsbriefe geschrieben. An Hans nach Wörth in Bayern, wo er als Arzt lebt, an Ernst nach Toftlund und Lisbeth nach Heiligenhafen. Sie haben sich inzwischen selbst ein Heim gegründet und schmücken dort ihren Kindern den Baum.

Und Vater klagt in einem Brief an seine Tochter Lisbeth: »So haben wir denn das Weihnachtsfest gehabt, und ich fühle es recht schmerzlich, daß wir gar so getrennt sind. Es ist sehr schön, der Mittelpunkt einer großen Familie zu sein, aber recht schwer, wenn so ein alter Mensch sich in so viele Teile spalten soll. Für mich fehlen zu viele von euch, als daß das Weihnachtsgefühl so recht hätte aufkommen können.«

Noch einmal, ein letztes Mal, wird es für unseren lieben Vater »Weihnachten«. Zum ersten Male fehlt eines seiner Kinder ganz, auch seine liebevollsten Gedanken vermögen es nicht mehr zu erreichen. Unser ältester Bruder Hans ist von uns gegangen. Der Baum steht noch einmal in vollem Lichterglanz, die Flügeltüren öffnen sich weit. – Vater legt den Arm um Mama, wir, die wir keine Kinder mehr sind, umstellen das Klavier, und Karl stimmt leise an. »Stille Nacht, heilige Nacht.« Wie wir an die Stelle kommen »Schlaf in himmlischer Ruh« – da breitet Vater weit die Arme aus, Tränen stürzen aus seinen lieben Augen, und leise hören wir ihn die Worte sprechen: »Unten in Bayern, da ist ein einsames Grab, darüber weht der Wind, und der Schnee fällt in dichten Flocken drauf.«

Wir singen nicht weiter, wir gehen zu ihm und nehmen sanft seine lieben Hände, und eine schmerzliche Ahnung, daß wir wohl so zum letzten Male mit unserem lieben kleinen Vater unter dem brennenden Lichterbaum stehen, durchzittert unsere Herzen. So endete das letzte Weihnachtsfest mit unserem Vater.

Viviane Eisold
Weihnachtsmeerchen

Mit einem hellen Klacken brach das Kreidestück auseinander und fiel zu Boden. Es war das zweite an diesem Tag. Die junge Lehrerin bückte sich und hob es auf. Mit ihren dünnen Fingern, die immer leicht zitterten, strich sie durch den weißen Staub auf dem blauen Linoleum.

»Schnee«, wiederholte sie leise. Sie hatte schon die Weihnachtswünsche der anderen Kinder an die Tafel geschrieben:

eine Uhr
ein ferngesteuertes Auto
ein Fahrrad
Computerspiele
ein Barbyhaus
ein Pony
eine Skiausrüstung
ein Walkman

»Schnee. Und jemanden, der ein Märchen erzählt, wenn es draußen dunkel wird.«

Langsam kam die Lehrerin hinter ihrem Tisch hervor. »Erzählen dir deine Eltern keine Geschichten?«

Josephine schüttelte ihren Kopf.

»Auch nicht abends am Bett?«

»Manchmal gucken wir zusammen Fernsehen.«

»Fernsehen«, sagte die Lehrerin. Sie war mit ihren Gedanken schon nicht mehr in der Klasse. Sie blickte auf die

Kreidestücke in ihrer Hand. Sie sah ein winterliches Meer zwischen zwei weißen Felsen. Wasser wie geschwärztes Silber. Die Steinstrände bedeckte frischer Schnee. Ein schwarzes Bündel kullerte durch die weiße Landschaft. Störtebeker.

Kinderlachen riß sie aus den Gedanken. Sie spürte, wie das Blut ihr in den Kopf schoß.

Die Kinder lachten erneut.

»Sie sollten aufpassen, wenn wir was sagen«, rief Ronni aus der letzten Reihe.

Sie holte Luft. Ihr Herz klopfte stärker als bei jeder mündlichen Prüfung im Studium. Ihrem Urgroßvater waren beheizte Toiletten absurd vorgekommen. Was war mit Lehrerinnen, die sich vor Drittkläßlern fürchteten?

In der letzten Reihe wurde sie Kotelett genannt. Zwar flüsternd, aber sie hörte es.

»Woher kommt das Wort Märchen«, fragte Josephine und sah die Lehrerin durch ihre dicke Brille an.

»Das ist die Verkleinerungsform von Mär«, sagte diese. Sie drehte sich um und schrieb den Weihnachtswunsch des Mädchens an die Tafel. Das Kreidestück war so kurz, daß ihre Fingernägel auf dem Untergrund entlangkratzten. Sie spürte es in den Zahnnerven.

Ein drittes Mal fiel die Kreide zu Boden, und die Kinder lachten. Sie lachten, weil die Lehrerin jetzt Kreidestaub am Kinn hatte. Dann lachten sie lauter, einige zeigten zur Tafel. Immer mehr zeigten zur Tafel, und das Lachen wurde schriller.

Weihnachtsmeerchen hatte sie geschrieben. Kreidefelsen und ein Meer wie geschwärztes Silber.

»Entschuldigt, entschuldigt, das ist falsch.«

Die Kinder hörten sie nicht. Sie wischte das doppelte »e« weg und setzte ein »ä« an seine Stelle.

»Ruhe, Ruhe bitte. Seid ruhig, ruhig«, sagte sie, aber niemand hörte.

›Und das nennt sich Lehrerin‹, dachte sie.

»Ruhe!!!« Plötzlich stand sie auf dem Tisch. Sie hatte noch den Klang ihrer Stimme im Ohr. Rauh und schrill wie die einer Jazzsängerin, nur lauter.

Kein Laut war zu hören.

»Habt ihr Märchenbücher zu Hause?« Ihrem Tonfall nach ging es in diesem Verhör um Leben und Tod.

Kopfschütteln, Schulterzucken.

»Wer ein Märchenbuch hat, soll sich melden.« Der rechte Zeigefinger der Lehrerin wanderte an einem ausgestreckten Arm über die Köpfe der Kinder hin, war Gewehr und Lanze in einem. Böse, gefährlich.

Zögernd hob sich in der Mitte eine Hand.

»Wie heißt dein Märchenbuch, Doreen?«

»Ich habe ›Schneewittchen‹ auf Video.«

»Auf Video! Ich sagte Buch, versteht ihr? Buch!«

Keiner meldete sich.

»Wißt ihr, was ein Märchen ist?«

Josephine hob die Hand.

»Ich will es von den anderen wissen.«

»Na das, was Omas erzählen«, sagte Ronni.

»Was erzählen Omas?« Den Jungen traf das Bajonett der Lehrerin.

»Meine Oma ist im Bundestag.«

Die Lehrerin stieß hörbar Luft durch die Nase aus. »Was kennt ihr für Märchen?« Sie ließ ihren Finger weiter durch die Klasse wandern.

An der Innenseite der Fensterscheiben lief Atem als Wasser in kleinen Rinnsalen herab. Draußen regnete es. Die Lehrerin blickte auf den winterkahlen Schulhof und lauschte der Stille im Klassenzimmer. Sie konnte das

Ticken ihrer Armbanduhr hören. Die Klasse hatte sich in ein Eisschollenbild verwandelt, als sie sich ihr wieder zuwandte. Ihr Arm beugte sich im Ellenbogen, die Starre der Hand löste sich.

»Wünschst du dir deswegen jemanden, der Märchen erzählt?« Die Lehrerin deutete mit dem Kopf in die schweigsame Runde. Ihre Stimme war wieder ihre Stimme. Und ihre Stimme klang so klar und deutlich im Raum wie noch nie.

Josephine nickte.

Ein elektronischer Dreiklang beendete die Stunde. Nicht einmal Ronni stand auf.

»Und Sie«, fragte Josephine.

»Und ich?«

»Was wünschen Sie sich denn?«

»Als Mädchen habe ich mir jedes Jahr zu Weihnachten einen Seesack gewünscht.«

»Haben Sie einen bekommen?«

»Mädchen fahren nicht zur See.«

»Und jetzt?«

»Jetzt bin ich Lehrerin.«

»Ich meine, was wünschen Sie sich jetzt?«

Die Lehrerin sah auf ihre Armbanduhr. »Ich wünsche mir, daß ich meinen Bus noch erwische.« Sie stieg vom Tisch, packte ihre Sachen zusammen und ging. Sie war die erste, die das Klassenzimmer verließ.

Zu Hause klingelte das Telefon. Der Vater war am Apparat.

»Du kommst doch Weihnachten zu uns? Deine Mutter hat die ganze Verwandtschaft eingeladen. Vier Gänse hat sie bestellt.«

»Natürlich komme ich.« Im Hintergrund hörte die Lehrerin die Stimme ihrer Mutter.

»Was du dir wünschst, soll ich dich von Mama fragen.«

»Ich bin wunschlos glücklich.«

»Na, uns fällt schon was ein.«

Sie verabschiedeten sich. Die Lehrerin legte auf.

»*Wunschlos* glücklich. Wunschlos *glücklich.* Ich bin wunschlos glücklich.« Sie sprach es mehrmals vor sich hin. Sie war erschöpft.

Die Couch in ihrem Arbeitszimmer knarrte leise, als sie sich hinlegte. Sie deckte sich mit einer Wolldecke zu. Spuren von Hundezähnen am Fußende. Die Lehrerin schloß die Augen.

Sie sah das dunkle Holz des alten Hauses vor sich, roch das modernde Schilf auf dem Dach. Sie hörte das Meer rauschen, streckte die Arme nach oben, wenn sie durch die niedrigen Türen ging. Der rote Kater strich um ihre Beine. In allen Räumen hing der muffige Geruch gelblicher Polsterbezüge, vermischte sich mit Rotkraut und Gänsebraten. Der Vater bereitete das Weihnachtsessen für morgen vor, die Mutter schmückte im Wohnzimmer die kleine Kiefer. Aus einem Winkel bei der Stiege im Flur rief ein Kuckuck. Es war alles wie immer.

»Na, Vati.«

»Colettchen. Ich habe den Schlitten rausgestellt. Na, lauf schon!« Der Vater versetzte Colette einen Klaps auf den Hintern. Störtebeker tobte hinterher.

»Ja, nimm den Hund gleich mit. Er frißt die Wolldecke sonst nur noch ganz auf.«

Ein Mädchen, ein junger Hund, rundgespülte Kreidestücke, der erste Schnee. Störtebeker tauchte seine schwarze Nase in den Schnee, tollte über den Strand bis ans Wasser, kam zurück zu Colette, lief erneut los. Er kam nicht eine Sekunde zur Ruhe. Der Wind pfiff dem Mädchen um die Ohren. Das Klatschen der Wellen füllte seinen Kopf.

Colette dachte an die Bescherung am Abend. Übermütig lief sie dem Hund hinterher. Als Störtebeker merkte, daß sie seinen Aufforderungen zum Spiel nachkam, stürzte er sich auf sie. Die beiden rollten über den Schnee. Colette vergaß die Zeit, ihren Schlitten und lief mit dem Hund kilometerweit am Strand entlang, bis es dunkel zu werden begann. Zeit für den Leuchtturm.

Piet hatte eine Glatze und einen dünnen grauen Bart. Er sah aus wie ein Seeräuber. Er wohnte im Leuchtturm. Er war alt. Er war ein Seemann. Und er erzählte Geschichten. Weihnachtsgeschichten zu Weihnachten. Jedes Jahr eine andere.

Als Colette in die kleine warme Stube kam, war sie schon voller Kinder. Sie saßen auf Kissen, auf dem Fußboden, auf dem alten Sofa, auf Stühlen und Hockern. Piet thronte in der Mitte. Sein Stuhl war ein Bock aus Holz mit einem alten Sattel darauf. Störtebeker legte sich vor den Ofen und leckte das Eis aus seinen Pfoten.

Als der alte Mann seine wollbesockten Füße in die Steigbügel stellte, verstummte Geschrei und Gemurmel.

»Ich war fast fünfzehn Jahre alt, als ich zum ersten Mal das Meer sah und die Möwen kreischen hörte. Der Sturm schmetterte die Brandung gegen die Klippen der Steilküste und wiegte die Schiffe, die weiter draußen vor Anker lagen. Es roch nach Salz und Tang. Quallen lagen an den Stränden.

Ein Fischer hielt mich, als ich in ein kleines Boot stieg. Es sollte mich zu einem Handelsschiff bringen, auf dem ich als Schiffsjunge erwartet wurde.

Ich klammerte mich mit beiden Händen an meinen Sitz und hatte trotzdem das Gefühl, jeden Augenblick den Halt zu verlieren und aus dem schaukelnden Boot geworfen zu werden. Meine Finger rutschten ab, ich schrie, ich hatte Angst und verfluchte den Sprung ins Weihnachtsmeerchen, dem ich all dies zu verdanken hatte.«

»Was ist das Weihnachtsmeerchen«, fragte Colette.

»Das ist die Geschichte«, sagte Piet.

»Ich wurde in einem kleinen Bauerndorf geboren. Weit entfernt vom Meer. Mein Vater hatte einen Hof. Unser Dorf lag inmitten von hügeligen Feldern. Es floß ein schmaler Fluß hindurch. Dieser Fluß mündete in einen großen flachen See. Da bauten wir als Kinder im Frühling Flöße. Der See hatte mehrere schilflose Sandstrände, von denen aus wir, wenn es warm war, baden gingen. Im Herbst, wenn die ersten Stürme bliesen, ließen wir uns mit selbstgebauten Segeln auf unseren Flößen über das Wasser treiben, waren Seeräuber und Piraten.

Wenn es auf den Winter zuging und der See zuzufrieren begann, wurde täglich eine ganz bestimmte Stelle freigehackt, dort, wo an Weihnachten die sogenannte Weihnachtstaufe stattfand. Das war eine alte Tradition.

In der Adventszeit, wenn es dunkel zu werden begann, lief ich oft zum See und wünschte mir, daß endlich die Weihnacht käme, in der ich an der Reihe wäre, am Rand des Eisloches zu stehen. Ich war vierzehn, als sich mein Wunsch erfüllte.

Das ganze Dorf saß mit Fackeln, Kerzen und Lampen am Ufer des Sees. Aus den Kehlen drang ein tiefes, vielstimmiges Summen, das anschwoll und abebbte, stürmte und verwehte. Über das Eis kamen Maria und Joseph. Schatten flackerten über ihre Gesichter, wenn sie sich den Sitzenden näherten, sich zu ihnen beugten und um Unterkunft baten.

Maria und Joseph waren meine Cousine und ein Freund von mir, beide genauso alt wie ich. Ich war ein Hirte.

Als das Krippenspiel vorüber war, standen alle auf und

folgten uns: Maria, Joseph, dem Engel, den Hirten. Leise klatschte das Wasser unter der Eisdecke.

Alle versammelten sich um das Eisloch. Wir bekamen Seile um den Bauch gebunden. Unsere Kostüme mußten wir ablegen und uns an den Eisrand stellen, wie wir es schon oft bei den Älteren gesehen hatten.

Gesa, die Frau meines Onkels, stand hinter mir. Ihre warme Hand lag auf meiner Schulter. Sie mußte merken, wie sehr ich zitterte, aus Angst und vor Kälte.

›Schau doch mal, Peter. Der See sieht aus wie ein wirkliches Meer.‹

Gesa erzählte mir oft vom Meer, von den Stränden, an denen sie als Mädchen gespielt hatte, von dem Fischerkahn ihres Vaters und wie sehr sie sich manchmal danach sehnte.

Nebel bedeckte das Ufer gegenüber, so daß es tatsächlich den Anschein hatte, der See sei dort noch lange nicht zu Ende.

›Du siehst auch überall ein Meer‹, rief mein Onkel. ›Ein Meerchen ist das hier.‹

›Ein Weihnachtsmeerchen‹, ergänzte ein anderer.

›Genau, ein Weihnachtsmeerchen‹, wiederholte mein Onkel, und alle lachten.

›Wirf lieber deinen Schatz ins Wasser, sonst erfrieren uns die Kinder, bevor sie wissen, was es heißt, erwachsen zu sein.‹

›Du hast es dieses Jahr gefüllt?‹ flüsterte ich meiner Tante zu.

Sie nickte. Ich sah ihren Arm weiß blitzen, dann fiel mit einem Klatschen ein Ledersäckchen ins Wasser.

Das eisige Wasser machte Beine und Arme schwer. Irgend jemand stieß mir einen Fuß ins Gesicht. Ich wußte nicht, ob ich oben oder unten war, geriet dann plötzlich mit einer Hand in Schlamm, wühlte darin herum, bis ich nichts mehr fühlte als nur ein Reißen am Bauch. Arme hoben mich aus dem Wasser und wickelten mich in Decken. Alle schrien begeistert und zeigten auf mich. Da sah ich in meiner verkrampften Hand triefend und schlaff das kleine Ledersäckchen hängen.

Zu Hause wurde ich in ein heißes Bad gesetzt. Meine Mutter und mein Vater scheuerten und schrubbten mich, bis die Haut zu brennen begann. Prickelnd floß das Blut durch meine Adern.

Als ich tief in der Nacht mit meinen Eltern in der Stube saß und zum ersten Mal Wein trank, ließ ich das Säckchen von einer Hand in die andere rollen. Ich stellte mir vor, was die Tante hineingelegt hatte.

Sie besaß ein scharfes Messer mit einem Elfenbeingriff, seltenen Schmuck und eine goldene Taschenuhr. Vielleicht hatte sie auch Geld hineingetan.

Ich hielt es nicht mehr aus. Als ich den Knoten des Bandes löste, der das Leder zusammenhielt, zitterten meine Finger. In seinem Inneren fand ich noch ein Säckchen, in diesem noch eins. Darin waren wertlose Kieselsteine und ein Stück Schweinedarm. Ich schnitt den Darm mit einem Messer auf.

Samenkörner. Sie hatte mir Samenkörner geschenkt.

Am nächsten Morgen lag ich krank im Bett. Am Mittag kam Gesa und setzte sich zu mir. Ich drehte ihr den Rücken zu.

›Peter‹, sagte sie und streichelte meinen Nacken. ›Was nützt dir Geld? Irgendwann hast du es ausgegeben. Wozu Schmuck, wenn du ein Bauer bist? Was nützt dir ein Messer, das verrostet? Oder eine Uhr, die dir vorschreibt, in welchem Rhythmus du leben mußt?‹«

Piet unterbrach seine Erzählung. Er entzündete ein

Streichholz und hielt es an den erkalteten Tabak in seiner Pfeife. Colette konnte kaum noch ruhig sitzen. Sie wollte das Ende der Geschichte hören.

Der alte Mann räusperte sich und setzte sich auf seinem Sattel zurecht. Das alte Leder knarrte noch immer, als er wieder zu sprechen begann, es knarrte so laut, daß Colette kein Wort verstand. Das Knarren wurde immer lauter und lauter.

Auch den Hund schien das zu irritieren. Er kam zu ihr und legte seinen Kopf in ihren Schoß. Die Augenbrauen hoben und senkten sich abwechselnd. Störtebeker sah sie an, bis Colette seinen Kopf zu kraulen begann.

Der Hund fing an zu furzen. Das Mädchen roch es bald und schließlich wurde es auch hörbar. Der Sattel knarrte, Piet erzählte, aber Colette konnte nichts verstehen.

»Geh! Marsch! Setz' dich vor den Ofen«, sagte sie zu Störtebeker. Aber sie hörte sich selbst nicht, und der Hund furzte weiter.

Die Lehrerin erwachte. Die Couch knarrte unter ihr. Sie lüftete die Decke, rümpfte die Nase, sprang auf und lief zum Fenster.

Luft! Es roch nach Stadt, nach Rauch und Hinterhof. Aber auch ein wenig nach Schnee. Es war kälter geworden. Die Lehrerin atmete tief und langsam ein und aus. Es dauerte eine Weile, ehe ihre Gedanken sich ordneten. Es gab keinen Piet. Colette war lange erwachsen und Störtebeker ein alter Herr in seinen letzten Jahren.

Sie versuchte, sich auf ihre Arbeit zu konzentrieren, die Unterrichtsvorbereitungen für den nächsten Tag, die Korrektur einer Klassenarbeit. Aber sie war nicht bei der Sache.

In der Nacht schlief sie schlecht. Weil sie sich vorgenommen hatte, sich an ihre Träume zu erinnern, wachte sie auf, sobald sie nur ansatzweise anfing zu träumen.

Übermüdet kam sie am anderen Tag zur Schule. Mit ihren Gedanken war sie woanders. Sie wollte sich die Geschichte selbst zu Ende erzählen. Ihr fiel nichts ein. Die Hände zitterten, und die Kinder lachten wieder.

Nach Schulschluß verpaßte sie den Bus. Es fing an, Schnee zu regnen. Die Lehrerin setzte sich auf die besprühte Bank im Haltestellenhäuschen und verkroch sich in ihre Jacke. Sie starrte vor sich hin.

»Hallo«, sagte Josephine, als sie sich zu ihr setzte. »Jetzt haben Sie wohl doch den Bus verpaßt.« Das Mädchen schob die Kapuze vom Kopf und schüttelte die Haare. Wo Licht darauf fiel, glänzten sie kupferrot.

Eine Weile saßen sie schweigend.

»Kennst du die Geschichte vom Weihnachtsmeerchen«, fragte die Lehrerin.

»Das haben Sie doch gestern an die Tafel geschrieben. Erzählen Sie sie mir?«

»Ich weiß das Ende nicht.«

»Das ist doch egal.«

»Aber ich muß es wissen.«

»Erzählen Sie doch, bitte!«

Also erzählte die Lehrerin. Josephine rückte dicht an sie heran und beobachtete, wie sich der Regen in Schnee verwandelte und in großen Flocken zur Erde schwebte. Er wurde immer dichter, blieb schon auf dem Fußweg liegen. Die Autos fuhren mit Licht.

»›Was nützt dir Geld? Irgendwann hast du es ausgegeben. Wozu Schmuck, wenn du ein Bauer bist? Was nützt dir ein Messer, das verrostet? Oder eine Uhr, die dir vorschreibt, in welchem Rhythmus du leben mußt?‹«

»Und was war so wertvoll an den Samenkörnern«, fragte Josephine. »Hatten sie Zauberkraft?«

»Ich weiß es nicht.«

Eine Weile saß das Mädchen ganz still. Die Brillengläser lagen über Josephines Augen wie eine dicke Eisschicht über dem Weihnachtsmeerchen. Sie blinzelte, nahm die Brille ab und säuberte sie mit einem Taschentuch.

»Sie wissen es wirklich nicht?« Josephine unterbrach das Brilleputzen und schaute die Lehrerin an.

Das Mädchen hatte schmale graugrüne Augen. Es war der Lehrerin, als spiegele der alte Piet sich in diesen Augen. Sie drehte sich um, aber da war niemand.

»Ich weiß es nicht, vielleicht ... vielleicht ... Ach, ich habe schon so oft versucht, mir die Geschichte zu Ende zu erzählen.«

»Aber Sie wollen sie doch mir erzählen«, sagte Josephine.

»Vielleicht schickte Gesa ...«

»Nicht vielleicht. Ich möchte wissen, wie es wirklich war.«

»Also gut. Als der Winter vorbei war, schickte Gesa ihren Neffen ans Meer.« Die Lehrerin machte eine Pause. Leiser wiederholte sie: »Als der Winter vorbei war, schickte Gesa ihren Neffen ans Meer.«

»Um Schiffsjunge zu werden. Das hat er doch selbst am Anfang erzählt«, sagte Josephine.

»Ja. Er sollte Schiffsjunge werden, auf einem Handelsschiff. Er sollte die Meere bereisen. Er sollte fremde, ganz verschiedene Länder kennenlernen, er sollte Freundschaften schließen, mit Menschen aus allen Gegenden der Welt.

›Lege in die Erde eines jeden Landes, das du mit deinen Füßen betrittst, eins der Samenkörner‹, hatte Gesa gesagt.

›An einen Ort, mit dem sich dir Erinnerungen verbinden. Und wenn ein Strauch daraus gewachsen ist, der Blüten trägt, wirst du reich belohnt werden.‹

Piet heuerte wirklich auf einem Schiff an, und anfangs bereute er seine Entscheidung. Das Leben auf See war ihm fremder als jedes andere. Jedenfalls schien es ihm so.

Aber als er das erste Jahr auf dem Meer verbracht hatte, konnte er sich kein anderes Leben mehr vorstellen. In jedem fremden Land legte er ein Samenkorn in die Erde. Zum Beispiel dort, wo ihm ein junger Hund sein ganzes Frühstück wegfraß, nachdem er eingeschlafen war. Oder da, wo ihn zwei Händler betrogen, indem sie ihn betrunken machten und ihm für einen wertlosen Sattel all sein Geld abnahmen. Und – natürlich – wo immer er eine Frau küßte, steckte er ein Samenkorn in die Erde. Nach zwei oder drei Jahren blühten die ersten Sträucher.«

»Aber was war die Belohnung«, fragte Josephine.

»Er dachte nicht mehr daran. Und als in seinem Ledersäckchen kein Samenkorn mehr übrig war, war er ein Greis. Von seinem ersparten Geld kaufte er sich einen alten Leuchtturm. Er war zu alt, um weiter zur See zu fahren.

Wenn er vor seinem Leuchtturm saß und auf das Meer hinausschaute, setzten Kinder sich neben ihn.

›Erzähle uns etwas‹, baten sie.

So erinnerte er sich an die blühenden Sträucher. Mit jedem Samenkorn verband sich eine Geschichte. Und plötzlich wußte er um seinen Reichtum. Das war die Belohnung. Was er einst auf dem Grund des Weihnachtsmeerchens gefunden hatte, war nichts Geringeres als sein Leben.«

Sie wurden still. Menschen, die vorbeigingen, hinterließen Spuren im Schnee. Durch die treibenden Flocken drangen die Lichter eines Busses. Bevor er hielt, stand Colette, die Erzählerin, auf. Für einen Augenblick umschlossen ihre warmen Hände die kalten Finger des Mädchens.

»Was bedeutet das, daß er sein Leben gefunden hat«, fragte Josephine.

Sie hatte die Brille wieder aufgesetzt, aber Colette sah noch immer die graugrünen Augen.

»Wenn ich es selbst herausgefunden habe, werde ich es dir erzählen«, sagte sie und strich dem Mädchen über den Kopf. Dann stieg sie in den Bus. Durch die dreckigen Scheiben sah sie Josephine im Schnee herumwirbeln und Flocken mit der Zunge fangen.

Der Bus fuhr an, und Colette stolperte durch den Mittelgang in den hinteren Teil. Dort kniete sie sich auf einen Sitz und blickte auf das kleiner werdende Schulgebäude, das Wartehäuschen und das tanzende Kind, bis sie nichts mehr unterscheiden konnte.

»Colettchen! Schön, daß du da bist.« Die Eltern küßten sie.

Ihr erster Gang führte Colette in die Küche, wo Störtebeker vor dem Ofen lag. Der Hund erkannte sie, fiepte heiser, hob den Kopf und klopfte leise mit dem Schwanz auf seine Matratze. Colette kraulte ihm den Nacken.

Als sie ins Wohnzimmer wollte, hielt die Mutter sie auf, wie in Kindertagen. Erst als es zu dämmern begann, betraten sie zu dritt das Zimmer. Der Duft von Räucherkerzen erfüllte den Raum. Unter dem Baum lagen Päckchen mit Fichtenzweigen und Anhängern aus hölzernem Adventsschmuck.

»Immer noch wunschlos glücklich«, fragte die Mutter.

»Glücklich, aber nicht wunschlos«, sagte Colette.

Die Mutter nahm ihre Tochter in die Arme. »Da bin ich aber froh.«

An diese Worte dachte Colette, als sie Stunden später in ihrem alten Holzbett lag und durch das offene Fenster die Meeresbrandung hörte. Um Mitternacht läuteten Glocken. Sie schloß die Augen und fühlte erstmals seit vielen Jahren wieder die kindliche Freude, am nächsten Tag früh aufzustehen, leise ins Wohnzimmer zu gehen und eine ganze einsame Stunde bei den Geschenken des vergangenen Abends zu sitzen, während es langsam hell wurde.

Im Wohnzimmer, unter dem Weihnachtsbaum lag Störtebeker auf einem großen Seesack. Seine Pfoten zuckten im Schlaf. Wer weiß, wovon er träumte.

Helga Königsdorf

Kirchgang

Niemand, nicht einmal ich selbst, hätte so etwas von mir erwartet, da ich als ruhig und zuverlässig galt und mich auch dafür hielt. Mein Leben verlief in geordneten Bahnen. Zwar kam ich allmählich in die Jahre, in denen man sich darauf einstellen mußte, daß einem etwas Menschliches zustoßen konnte. Aber ich dachte nicht viel darüber nach. Und wenn mich solche Gedanken flüchtig streiften, waren diese Vorstellungen immer mit anständigen Krankheiten verbunden. Hätte mir jemand prophezeit, mein Verstand könnte – auch nur für einen Moment – aussetzen, wäre ich empört gewesen. Sorgfältig vermied ich alles, was einem untadeligen Lebenswandel entgegenstand. Das blieb nicht ohne Folgen. Mußte eine Funktion besetzt werden, verfiel man mit Sicherheit zuerst auf mich. Mitunter fand ich das lästig und versäumte nicht, mich in geziemender Weise zu beklagen. In Wirklichkeit erfüllte es mich aber auch mit Stolz.

Ich habe keine Erklärung für jenen Anfall im Dezember. Rätselhaft ist mir, wieso die Erinnerung keinerlei Reue in mir erweckt. Ich empfinde sogar Vergnügen, ja eine sonderbare Befriedigung, wenn ich daran denke. Natürlich bin ich später von allen Seiten nach dem Motiv für meine Handlungsweise befragt worden. Ich begriff sofort, daß ich einen plausiblen Grund liefern mußte, wollte ich tiefergehendes Mißtrauen gegen mich abwenden. Zu meinem Erstaunen wurde meine Behauptung, der

Streit um den Abwasch sei das auslösende Moment gewesen, bereitwillig akzeptiert. Dabei gehörten solche Auseinandersetzungen zu unserem normalen Familienalltag. Nein, das kann es nicht gewesen sein. Es mußte noch etwas anderes dahinterstecken. Der kurze Wortwechsel reicht jedenfalls für eine Begründung nicht aus.

Plötzlich hatte ich den schweren Hammer aus dem Werkzeugkasten in der Hand, stürmte schnurstracks zum Bad und begann die Toilette zu bearbeiten. Dabei setzte ich meine vollen Kräfte ein, und der Effekt war nicht unerheblich. Zuerst zersplitterte der Kunststoffdeckel. Eindrucksvoller gestaltete sich die Zertrümmerung des Porzellans. Scherben und Wassertropfen sprühten um mich. Ehe ich mich dem Waschbecken zuwenden konnte, packte mich mein Mann mit festem Griff von hinten, und der Hammer entglitt meinen Händen.

Als mein Mann und mein Sohn sich einigermaßen gefaßt hatten, bestanden sie darauf, mich in eine Nervenklinik zu bringen. Obwohl ich mich wieder vollkommen in Ordnung fühlte, wehrte ich mich nicht, denn ich stellte mir das Leben in einer Wohnung ohne Toilette kompliziert vor.

Die Ärzte konnten nicht viel mit mir anfangen. Lediglich mein Drang, recht bald wieder meiner Arbeit nachzugehen, reizte ihren Widerspruchsgeist. Sie verordneten mir autogenes Training und einige Wochen häuslicher Ruhe. Das war das letzte, was ich vertragen konnte. Ich hatte regelrecht Angst davor. Ich ignorierte die Krankschreibung, ging wie immer in meinen Betrieb und besuchte auch eine Tagung, die für mein Fachgebiet wichtig war. Als jedoch Krankschreibung und Dienstreiseauftrag gleichzeitig auf dem Schreibtisch eines Sachbearbeiters der Abteilung Ökonomie landeten, gab es Ärger. Der

Direktor, der in meiner Lage nicht anders gehandelt hätte, mußte mir bis zur endgültigen ärztlichen Gesunderklärung Hausverbot erteilen.

Gewiß gibt es in der Wirtschaft einer berufstätigen Frau manches Unerledigte. Aber das konnte mich auf die Dauer nicht befriedigen. Als ich begann die Möbel umzurücken, wurde ich von meiner Familie argwöhnisch beobachtet. Ich gewöhnte mir an, durch die Geschäfte der Stadt zu bummeln, gab ziemlich viel Geld für überflüssige Dinge aus, bis mein Mann ein Stopzeichen setzte, da die Finanzierung unserer Sommerreise in Gefahr geriet. Früher, als ich jung war, habe ich viel gelesen. Nahm ich jetzt ein Buch zur Hand, so verlor ich nach wenigen Seiten den roten Faden. Ich konnte mich nicht konzentrieren. Was da geschrieben stand, ging mich nichts an.

In der ersten Zeit telefonierte ich fast täglich mit meinem Betrieb und ließ mir über den Stand der Arbeiten berichten. Es gab eine Menge Probleme. Wir hingen mit dem Exportplan, und auch die Schichtauslastung der neuen Anlage war nicht gesichert. Bald aber vermeinte ich eine gewisse Ungeduld aus den Stimmen meiner Kollegen herauszuhören. Die Art und Weise, wie sie mir nahelegten, ich sollte mich erholen und mir keine Gedanken machen, konnte ich nur so verstehen, daß sie meine Einmischung als Bevormundung ansahen. Zum erstenmal wurde mir bewußt, wie leicht ich zu ersetzen war. Austauschbar.

Ich begann, mich überflüssig und wertlos zu fühlen. Las ich die Zeitung oder stellte ich den Fernsehapparat an, wurde mir die Unerheblichkeit meiner Existenz im Vergleich zu dem großen Weltgeschehen noch stärker bewußt. Mein Mann, der mir die Scherereien mit der zerhackten Toilette noch nicht verziehen hatte, warf mir vor, es mangele mir an Gemeinsinn. Die Überbewertung meiner eigenen Person müsse notgedrungen zu Schwermut führen. Unser Sohn, der dieses Gespräch mit anhörte und der sich gerade für Naturwissenschaften zu interessieren begann, erläuterte mir die Unwahrscheinlichkeit und Bedeutungslosigkeit meines Daseins im Rahmen der Evolution.

Ich fand solche Gespräche nicht sonderlich tröstlich, hatte jedoch nichts entgegenzusetzen. Außerdem wollte ich mich auf keine Diskussion einlassen, denn ich glaubte immer noch, etwas gutmachen zu müssen. Ich beschloß, meine Familie an den Festtagen so recht zu verwöhnen, und stürzte mich in den Vorweihnachtsstreß, was mir gleichzeitig das Gefühl gab, nicht länger ausgeschlossen zu sein.

Am Vierundzwanzigsten nachmittags gegen zwei Uhr stand der Baum geschmückt, die Gans lag für den nächsten Tag vorgekocht in der Pfanne, und zum Kaffeetrinken war es noch zu früh. Im Wohnzimmer sah mir meine Mutter mit einer Leidensmiene entgegen, weil ihr an solchen Tagen bewußt wurde, daß nun wieder ein Jahr vorüber ging. Natürlich trug ich daran keine Schuld. Trotzdem plagte mich automatisch schlechtes Gewissen. Dagegen war ich wehrlos. Mein Sohn räkelte sich maulend auf dem Sofa. Er verbuchte den Tag als verloren. Von seinen Freunden war keiner erreichbar. Denen erging es wahrscheinlich nicht besser. Zu allem Überfluß hatte ich gebeten, den Fernseher ausnahmsweise einmal nicht einzuschalten. Mein Mann saß am Schreibtisch und kehrte uns allen den Rücken zu.

Feiertags fällt ihm gewöhnlich ein, daß er Unmengen dringlicher Arbeiten liegen hat.

Ich stand in der Wohnzimmertür und malte mir aus,

wie es weitergehen würde. Dazu bedurfte es keiner größeren Vorstellungskraft.

Ich decke den Kaffeetisch. Danach kommt meine Tochter, die schon eine eigene Wohnung hat, und wir zünden die Kerzen am Baum an. In diesem Punkt bin ich altmodisch. Ich habe etwas gegen elektrische Dekorationen. Nach Weihnachten muß ich immer das Stearin aus dem Teppich bügeln. Wenn die Kerzen brennen, setzt sich meine Mutter ans Klavier und spielt »O Tannenbaum«. Das Klavier ist verstimmt, und ihre Finger wollen nicht mehr so richtig. Sie besteht aber darauf, alle drei Strophen zu singen, obwohl die anderen den Text nicht kennen. Ihre Stimme klingt brüchig, und ich schaffe die Höhen auch nicht. Alle atmen erleichtert auf, wenn die Singerei vorüber ist.

Dann beginnt der Austausch der Geschenke. Ich bekomme meistens etwas Praktisches für den Haushalt. Mit meinem Mann verabrede ich jedes Jahr, dieses Mal wirklich auf gegenseitige Geschenke zu verzichten. Aber am Dreiundzwanzigsten kauft er das übliche Parfüm und ich den üblichen Binder. Meine Tochter bringt sich ihr Geschenk selbst mit. Sie hat mich telefonisch vom Kauf einer Bluse unterrichtet, die ich ihr Weihnachten schenken könnte, weil es so am einfachsten wäre. Der Preis betrug etwa das Doppelte von dem, was ich ausgeben wollte. Außerdem lag für sie bereits ein Tuch in meinem Schrank. Meine Mutter packt wie immer Sachen aus, die für ihre Verhältnisse viel zu kostspielig sind. Und wie jedes Jahr steht die Reaktion ihrer Enkel dazu nicht im rechten Verhältnis. Aus Mitleid lobe ich die Geschenke übertrieben, was die Sache noch schlimmer macht.

Eigentlich sind wir alle satt. Um aber die Verlegenheit zu überwinden, sage ich, wir sollten etwas essen. Ich bringe das Gänseklein herein. Und nachdem wir gegessen haben, wissen wir wieder nicht so recht weiter. Die Kerzen sind erst zur Hälfte niedergebrannt. Bestimmt schlägt jemand vor, sie auszupusten, und nun stellen wir doch den Fernseher an.

Ich stand also in der Tür und sah das alles im Geiste vor mir. Plötzlich hörte ich mich sagen: »Ich gehe jetzt in die Kirche. Kommt jemand mit.« Das war eine ganz und gar unüberlegte Bemerkung. Ich glaube sogar, ich hatte in diesem Moment nicht die geringste Absicht, wirklich in eine Kirche zu gehen. Wahrscheinlich wollte ich nur ein Gespräch in Gang setzen.

Mein Mann drehte sich nicht einmal um. Mein Sohn machte den Ansatz, mir einen Vogel zu zeigen, hielt aber auf halbem Weg inne, so daß ich es auf sich beruhen lassen konnte. Meine Mutter begann einen Satz mit »früher«, sprach aber nicht weiter, weil sie sich das Wasser aus den Augen wischen mußte. Da nahm ich kurz entschlossen meinen Mantel und machte mich auf den Weg.

In meinen verklärten Erinnerungen gab es früher nur weiße Weihnachten. Der Frost knirschte unter den Schuhsohlen. Über den Gräbern des Friedhofes wölbte sich anheimelnd der weiße Schnee. Die alte Dorfkirche strahlte im Glanz der Lichter. Zwei hohe, schön gewachsene Fichten standen zu beiden Seiten des Altars. Mein Vater begleitete uns bei diesen Kirchgängen nie. Seit er einmal Schwierigkeiten gehabt hatte und seine Bitte, die Kirchensteuer zu stunden, abschlägig beschieden worden war, erfüllte ihn Groll.

Meine Familie besaß einen eigenen »Stand«. Das entsprach etwa der Loge in einem Theater. Aus der Menge hervorgehoben, in der Nähe des Altars, noch vor Kanzel und Taufbecken, geriet man so recht in weihevolle Stimmung. Der Pfarrer meinte, ein »Stand« verpflichtet. Er beklagte sich, daß der unsrige an den übrigen Kirchtagen des Jahres meistens leer blieb.

In unserem Dorf waren fast alle in der Kirche. Nur meine Freundin Rita durfte nicht am Konfirmandenunterricht teilnehmen. Deswegen gab es viele Tränen, und sie tat uns allen leid, denn wir Konfirmanden bildeten eine Gemeinschaft. So war es immer gewesen. Zur Konfirmation trug ich ein schwarzes Kleid, schwarze Lackschuhe und meine ersten Seidenstrümpfe. Alles wirkte sehr feierlich. Ich faßte aus tiefstem Herzen den Entschluß, ein frommer, gottgefälliger Mensch zu werden.

Das war mein letzter Kirchgang. Kurze Zeit später sind wir aus dem Dorf weggezogen und haben in verschiedenen Städten gewohnt. Als ich das erste eigene Geld verdiente, erreichte mich eines Tages eine Aufforderung, Kirchensteuer zu zahlen. Zwar waren solche Beiträge nicht länger einklagbar, trotzdem – vielleicht eingedenk der Scherereien meines Vaters – hielt ich es für geraten, aus der Kirche auszutreten. Das ging ganz einfach. Man brauchte nur eine Erklärung zu unterschreiben, und die Sache war erledigt.

Ein Rudiment aus jenen Kindertagen war mir jedoch geblieben. Immer wenn es mir sehr schlecht ging, murmelte ich vor mich hin: »Vater unser, der du bist im Himmel.« Das ähnelte dem autogenen Training, das ich jetzt üben mußte. Nur muß ich gestehen, daß mir die Worte »dein Wille geschehe« viel besser gefielen als »mein rechter Arm ist schwer«, noch dazu, wenn es einem vielleicht ohnehin schwer ums Herz war.

An diesem naßkalten vierundzwanzigsten Dezember fuhr ich zwei Stationen mit dem Bus. Vor der Kirche standen einige Leute. Die Tür war geschlossen. Plötzlich kam mir der Gedanke, es könnte eine Einlaßkontrolle geben, und man würde mich gleich als nicht dazugehörig entlarven. Aber zum Umkehren war es bereits zu spät. Ich befand mich schon mitten auf dem Fußgängerüberweg. Vor dem Portal blieb ich unschlüssig stehen. Ein Mann sagte, die kleine Kirche wäre überfüllt. Der nächste Gottesdienst begänne erst in einer Stunde. Offenbar mußten die Pastoren zu Weihnachten im Schichtsystem arbeiten. Irgendwie war ich erleichtert. Ich beschloß, noch ein wenig im Park spazierenzugehen und dann nach Hause zurückzukehren.

Der Park lag grau und trostlos vor mir. Die Wege waren schlammig, und zu allem Überfluß fing es an zu regnen. Mir fiel nichts ein, was ich sonst noch unternehmen konnte. Ich schlenderte in Richtung Bushaltestelle zurück. Menschengruppen kamen mir entgegen. Der vorangegangene Gottesdienst war zu Ende. Mit dem festen Entschluß, nicht die ganze Zeremonie über mich ergehen zu lassen, betrat ich die Kirche und suchte mir einen Platz in den hinteren Reihen. Als ich verstohlen umherschaute, bemerkte ich, daß ich das Gefühl, nicht ganz am rechten Ort zu sein, mit anderen teilte. Es gab eine Menge Leute, die verlegen vor sich hin sahen und Blickkontakt vermieden.

Ein junger Bursche mit langen Haaren und kariertem Hemd bastelte an irgendwelcher Tontechnik und wies einen zweiten darin ein. Der Raum füllte sich allmählich, und ich merkte, daß ich mir einen ungünstigen Platz ausgesucht hatte. Es würde nicht möglich sein, die Veranstaltung vorzeitig zu verlassen. Die ersten standen schon in den Gängen. Der Langhaarige, der eine weiße Bluse über das karierte Hemd gezogen hatte, hantierte jetzt am Altar. Von meinem Platz aus konnte ich nicht erkennen, was er dort trieb. Schließlich probierte er das Mikrophon aus. Dann verschwand er rechts in einer Tür, um kurze Zeit darauf wieder aufzutauchen. Jetzt in der Soutane. Es war der Pfarrer.

Er hielt das Mikrophon in der Hand, und ich erwartete ein salbungsvolles »Meine Brüder und Schwestern im Herrn«. Aber er begann locker zu plaudern, und als hätte er meine Gedanken erraten, entschuldigte er sich für die Enge. Man müßte es nun wohl oder übel anderthalb Stunden miteinander aushalten, denn es könne nicht extra für Weihnachten eine größere Kirche gebaut werden. Als Auftakt verlangte er von seinen Zuhörern, sie sollten ihren Platznachbarn und auch nach vorne und hinten ein fröhliches Weihnachtsfest wünschen. Alle waren ein bißchen betreten. Meine Überwindungskraft reichte gerade für meinen linken Nebenmann aus. Und ich war froh, daß die übrigen nicht auf der Sache bestanden.

Die altvertrauten Worte der Weihnachtsgeschichte. Daß sie sich schätzen ließen. Herodes und die Mächtigen der Welt. Poetische Bilder. Er hatte es gut, er konnte im Gleichnis bleiben.

Meine Gedanken schweiften ab. Ich dachte an meinen Betrieb. Daran, daß die Ausschußquote an der importierten Anlage viel zu hoch lag, seitdem wir unsere eigenen Materialien eingaben. Daran, daß die Jahresendprämie gefährdet war und daß es ziemlich viel Ärger geben würde. Gerade als mir mein ganzer Kummer wieder bewußt wurde, sagte der Pfarrer: »Fürchtet euch nicht, denn ihr werdet geliebt. Gott hat euch so gewollt, wie ihr seid, und nicht anders. Gehet nur hin und seid gut zueinander, und die Welt wird nicht verloren sein.« Die Musik tat das ihre. Ich hatte meine Brille vergessen und konnte die Texte auf den Handzetteln nicht erkennen. Doch zu meiner Überraschung waren die Lieder alle aus meinem Gedächtnis abrufbar. Ich sang kräftig und schön. Zwar konnte ich im Gedröhn der Orgel meine Stimme nicht hören, aber es war ein gutes Gefühl.

An der Tür gab der Pfarrer jedem zum Abschied die Hand. Mich sah er dabei streng und abweisend an. Ich blickte genauso zurück.

Als ich im Regen auf den Bus wartete, glaubte ich wirklich, es sei ganz einfach, nach Hause zu gehen und meine Familie zu lieben.

Angelika Mechtel
Der Engel auf dem Dach

Es war einmal eine Großmutter, die hatte kein Talent für Weihnachten. Sie konnte weder backen noch stricken, noch singen oder gar Geschichten erzählen. Sie hatte auch keine Lust dazu. Viel lieber setzte sie sich am Heiligabend auf einen Kamin, hoch oben auf einem Hausdach, und schaute den Weihnachtsengeln beim Fußballspielen zu.

So könnte diese Geschichte, die, das schwöre ich, ganz bestimmt kein Märchen ist – oder vielleicht doch? –, beginnen. Aber ich fange lieber einen Tag früher an und erzähle, was wirklich passiert ist.

Das gibt es doch nicht, denke ich, das gibt es doch nicht, daß mir überhaupt nichts einfällt!

Seit zwei Stunden sitze ich am Schreibtisch und zerbreche mir den Kopf über eine Geschichte, die ich erfinden will. Sich den Kopf zerbrechen ist glücklicherweise nur eine Redensart. Und so ist mein Kopf selbstverständlich noch ganz in Ordnung.

Trotzdem fällt mir einfach nichts ein. Schließlich stehe ich vom Schreibtisch auf, trete ans Fenster und sehe hinaus. Genau in diesem Augenblick passiert es. Ich entdecke einen Weihnachtsengel auf der Fernsehantenne.

Wenn ich sonst aus dem Fenster gucke, sehe ich Hausdächer, Schornsteine, Kirchturmspitzen, Baumspitzen, große und kleine Dachfenster, ich sehe Leute, die sich hinter den Fenstern bewegen, den Himmel über der Stadt und die Wolken und natürlich eine Menge Fernsehantennen, größere und kleinere, solche, die der Wind schief gestellt hat, andere, die wie dünne, rostige Bäume mit vielen Ästen aussehen.

Manchmal sitzt eine Amsel auf so einem Ast aus Metall, aber niemals ein Weihnachtsengel.

Der, den ich entdecke, der sitzt auch nicht; der macht Klimmzüge an einer Fernsehantenne. Er sieht ganz normal aus, wie Weihnachtsengel eben so aussehen: ungefähr so groß wie ein Zehnjähriger, schwarze Wuschelhaare, eine Stupsnase, zwei Flügel auf dem Rücken, dort wo sie hingehören, und ein weißes, langes Hemd am Leib.

Ich reiße erschreckt das Fenster auf. »He!« schreie ich hinnüber zum anderen Hausdach. »He, du! Paß auf, daß du nicht runterfällst!«

So ein Unsinn. Er hat ja Flügel.

Mit einem Bauchaufschwung setzt er sich rittlings auf einen Antennenarm, schaukelt fröhlich hin und her und streckt mir die Zunge heraus.

Dürfen Weihnachtsengel das?

»Ich übe!« ruft er zurück. »Ich übe für die Weihnachtsengelweltmeisterschaft!«

Weihnachtsengelweltmeisterschaft?

Nie davon gehört.

Es scheint ein zutraulicher Weihnachtsengel zu sein. Etwas später fliegt er von einem Hausdach zum anderen und setzt sich auf mein Fensterbrett.

»Wann findet denn die Weihnachtsengelweltmeisterschaft statt?« erkundige ich mich.

»An Weihnachten, wann sonst?« Seine Hände sind schwarz vom Herumturnen an der Fernsehantenne. Er wischt sie an seinem schönen, weißen Hemd ab. Wie zufällig berühre ich einen seiner Flügel mit den Fingerspitzen. Er fühlt sich ganz echt an und sieht aus, als sei er aus großen, weißen Federn gemacht.

»An Weihnachten«, wende ich ein, »an Weihnachten habt ihr doch etwas anderes zu tun.«

Er baumelt mit den nackten Füßen, grinst fröhlich und fragt, ob ich ihm nicht ein Glas Milch spendieren könnte. Milch ist gut, wenn man sportlich fit bleiben möchte.

Ich bitte ihn, nicht wegzufliegen, und hole aus der Küche ein großes Glas Milch. Das trinkt er in einem Zug aus, wischt sich die Lippen mit dem Handrücken ab und hat nun auch Dreckspuren im Gesicht.

»Warum macht ihr die Weltmeisterschaft nicht im Som mer?« frage ich. »Da habt ihr doch nichts zu tun.«

Wahrscheinlich, überlege ich, sage es aber nicht laut, wahrscheinlich liegen Weihnachtsengel im Sommer auf der faulen Haut unter einem Sonnenschirm am Strand und lassen es sich gut gehen, während ich auch im Sommer Geschichten erfinde.

»Geht nicht«, antwortet er. »Im Sommer halten Weihnachtsengel Sommerschlaf.«

Na bitte. Aber zur Weihnachtszeit, da haben Weihnachtsengel doch alle Hände voll zu tun, so wie die Osterhasen zu Ostern. Oder etwa nicht? Wie, bitte schön, findet ein Osterhase zu Ostern Zeit an einem Reck zu turnen, Kugeln zu stoßen oder einen Speer zu werfen? Denn alles das gehört ja zu einer Weltmeisterschaft.

Der Weihnachtsengel auf dem Fenstersims meiner Dachwohnung im vierten Stock erzählt mir stolz, daß er letztes Weihnachten die Bronzemedaille am Reck geholt hat. Dieses Jahr will er Silber schaffen und beim nächsten Mal natürlich Gold. Die Weihnachtsengelweltmeisterschaft selbst findet am Heiligabend statt, erklärt er mir.

Dann sprinten die Engel über Hausdächer, springen von Kamin zu Kamin oder im Stabhochsprung quer über die Straße von einer Regenrinne zur anderen. Zum Kugelstoßen benutzen sie Flachdächer, zum Geräteturnen die Fernsehantennen, und das Bodenturnen absolvieren sie selbstverständlich in der Luft, hoch über der Stadt, wie Engel das eben so tun; sie haben ja Flügel.

»Und was ist mit der Bescherung an Heiligabend?« will ich wissen.

Der Weihnachtsengel bohrt nachdenklich in der Nase.

»Die Kinder warten doch auf ihre Geschenke!« sage ich.

»Jaja«, antwortet er, hört auf in der Nase zu bohren und kratzt sich etwas verlegen hinterm rechten Ohr. »Du hast ja recht«, gibt er zu und ich bin stolz, daß er mich duzt. Wer kann schon von sich behaupten mit einem Weihnachtsengel auf Du und Du zu stehen?

»Du hast ja recht«, sagt er noch einmal. »Die Sache ist nur die, daß wir gar nicht mehr gebraucht werden.«

Wie bitte? Als ich ein kleines Mädchen war, habe ich jedes Mal auf den Weihnachtsengel gewartet, wegen der Geschenke.

»Wer wartet denn heute noch auf einen Weihnachtsengel?« Der Weihnachtsengel lacht etwas bekümmert. »Ihr kauft doch heutzutage die Geschenke in den Warenhäusern und schließt an Weihnachten Fenster und Türen zu. Da hat unsereins keine Chance, das mußt du zugeben!«

Ja. Es bleibt mir nichts anderes übrig als zuzugeben, daß ein Weihnachtsengel heutzutage kaum noch Chancen hat.

»Und deshalb«, so erklärt er mir, »haben wir die Weihnachtsengelweltmeisterschaft erfunden. Irgend etwas müssen wir ja an Weihnachten tun. Wir können doch nicht nur dumm aus der Wäsche gucken.«

Ich fühle, wie ich genauso bekümmert werde wie er. Die Weihnachtsengel tun mir leid.

Das scheint jedoch gar nicht nötig zu sein.

Der stupsnasige, wuschelhaarige Weihnachtsengel auf meinem Fensterbrett grinst mich wieder fröhlich an, baumelt mit den Beinen und fragt, ob ich ihm vielleicht einen Regenschirm leihen könnte. Zu Recht. Es sieht nach Regen aus. Ich hole den Regenschirm, den ich als einzigen noch nicht verloren habe, und mein Weihnachtsengel verspricht gelegentlich wiederzukommen und mir seine Kür an einer Fernsehantenne vorzuturnen.

»Wenn du Lust hast«, meint er, »kannst du natürlich auch unser Ehrengast an Weihnachten sein. Du mußt dich nur trauen auf einem Kamin zu sitzen.«

Mir wird ein bißchen schwindlig bei diesem Gedanken, aber ich will es mir überlegen.

Dann spannt er den Schirm auf und fliegt davon. Ich blicke ihm nach. Wenn er, denke ich, wenn er kein Weihnachtsengel und ich nicht schon Großmutter, sondern noch ein kleines Mädchen wäre, ja, dann könnte ich mich sofort in ihn verlieben.

Ich schließe das Fenster, kehre an meinen Schreibtisch zurück und schreibe diese Geschichte auf, die ich gar nicht erst erfinden muß.

So endet diese Geschichte – oder fängt sie gerade erst an? Wie dem auch sei, ich schwöre, ich habe noch nie auf einem Kamin gesessen. Das hat einen guten Grund. Ich bin nämlich nicht schwindelfrei.

Patricia Highsmith
Eine Uhr tickt zu Weihnachten

»Haben Sie vielleicht einen Franc für mich, Madame?«

So fing es an.

Michèle hatte die Arme voller Schachteln und Plastikbeutel und blickte über sie hinweg, auf einen kleinen Jungen in einem lose hängenden Tweedmantel und mit einer Tweedmütze, die ihm bis über die Ohren ging, herab. Er hatte große dunkle Augen und ein bittendes Lächeln.

»Ja!« Es gelang ihr, die zwei Francs, die sie noch, seit sie das Taxi bezahlt hatte, in der Hand hielt, loszulassen.

»Merci, Madame!«

»Und dies hier noch«, sagte Michèle. Ihr war plötzlich eingefallen, daß sie gerade einen Zehn-Francs-Schein in eine Manteltasche gesteckt hatte.

Der Mund des Jungen klappte auf. »O Madame! Merci!«

Die eine glatte Einkaufstasche war runtergefallen. Der Junge hob sie auf.

Michèle lächelte, umfaßte den Henkel mit einem Finger und drückte mit einem Ellbogen auf den Türknopf. Die schwere Tür öffnete sich, und Michèle trat über die erhöhte Schwelle. Mit der Schulter drückte sie die Tür wieder zu und ging dann über den Innenhof ihres Apartmenthauses. Bambusbäumchen standen wie schlanke Wächter zur Linken und Rechten, und Lorbeerbäume und Farne wuchsen zu beiden Seiten des gepflasterten Weges, den sie zum Block E einschlug. Charles war sicher schon zu Hause; es war fast sechs. Was er wohl sagen würde zu all den Päckchen und den über dreitausend Francs, die sie heute ausgegeben hatte? Nun, sie war mit den Weihnachtseinkäufen fast fertig; eins der Geschenke sollte Charles seiner Familie geben – darüber konnte er sich kaum beschweren –, und die übrigen waren für Charles und für Michèles Eltern. Für sie selber war nur ein Gürtel von Hermès, dem sie nicht hatte widerstehen können.

»Der Weihnachtsmann!« sagte Charles, als Michèle hereinkam. »Oder die Weihnachtsfrau?«

Sie hatte die Päckchen in der Diele auf den Boden fallen lassen. »Uhh! Ja, das war ein guter Tag! Habe eine Menge geschafft, meine ich. Aber wirklich!«

»Sieht ganz so aus.« Charles half ihr beim Aufsammeln der Schachteln und Tüten.

Michèle hatte den Mantel ausgezogen und war aus den Schuhen geschlüpft. Sie warfen die Päckchen auf das große Doppelbett im Schlafzimmer, wobei Michèle die ganze Zeit über redete. Sie erzählte ihm von der hübschen weißen Tischdecke für seine Eltern und von dem kleinen Jungen unten, der sie um einen Franc gebeten hatte. »Ein Franc! Wo ich heute so viel eingekauft habe! So ein goldiger kleiner Junge, ungefähr zehn Jahre alt. Und seine Kleidung sah so ärmlich aus. Genau wie in den alten Weihnachtsmärchen, dachte ich. Wo jemand, der weniger hat, um so was Kleines bittet.« Michèle lächelte breit und glücklich.

Charles nickte. Michèles Familie war reich. Charles Clément hatte sich heraufgearbeitet, vom Maurerlehrling mit sechzehn bis zum Leiter seiner Firma, ›Athenas Construction‹, mit achtundzwanzig. Mit dreißig hatte er

Michèle kennengelernt, die Tochter eines seiner Kunden, und hatte sie geheiratet. Manchmal war Charles fast schwindlig zumute bei dem Gedanken an den Erfolg sowohl bei seiner Arbeit als auch in seiner Ehe, denn er liebte Michèle zärtlich; und sie war auch reizend. Aber er wußte, er konnte sich eher vorstellen, der kleine Junge zu sein, der um einen Franc bettelte (was Charles nie getan hätte), als, zum Beispiel, Michèles Bruder, der Freigebigkeit ausstrahlte in der auch ihr eigenen Weise: zugleich überlegen und liebenswürdig; er hatte diese Haltung schon früher an Michèle bemerkt.

»Nur ein Franc?« sagte Charles endlich und lächelte.

Michèle lachte. »Nein, ich habe ihm einen Zehn-Francs-Schein gegeben. Den hatte ich noch lose in der Tasche. Und schließlich ist ja Weihnachten.«

Charles lachte. »Der wird wiederkommen, der kleine Junge.«

Michèle stand vor ihrem Kleiderschrank; die Schiebetür hatte sie geöffnet. »Was soll ich heute abend anziehen? Das hellila, das du so gern magst, oder das gelbe? Das gelbe ist neuer.«

Charles legte ihr einen Arm um die Taille. Die Reihe der Kleider, Blusen und langen Röcke sah aus wie ein greifbarer Regenbogen: goldschimmernd, samtblau, beige und grün, Satin und Seide. Das hellila Kleid konnte er unter den anderen gar nicht finden, aber er sagte: »Ja, das hellila. Das ist dir doch recht?«

»Aber ja, Lieber, natürlich.«

Sie waren bei Freunden zum Dinner eingeladen. Charles ging ins Wohnzimmer zurück und nahm seine Zeitung wieder auf, während Michèle duschte und sich umzog. Charles hatte seine Hausschuhe an – die Angewohnheit eines alten Mannes, dachte er, obgleich er erst zweiunddreißig war. Jedenfalls war sie ihm seit den Teenagerjahren eigen. Damals hatte er mit seinen Eltern in der Gegend von Clichy gewohnt und war häufig mit nassen Schuhen und Socken nach Hause gekommen, weil er auf einem Bauplatz im Schlamm oder Wasser herumgestanden hatte, und da hatten die wollenen Hausschuhe gutgetan. Von den Schuhen abgesehen, war Charles in Abendkleidung: er trug einen dunkelblauen Anzug, ein Hemd mit Manschettenknöpfen und eine Seidenkrawatte, die nur lose gebunden, aber noch nicht zum Kragen hochgezogen war. Charles zündete seine Pfeife an – Michèle würde sicher noch eine Weile brauchen – und betrachtete sein schönes Wohnzimmer. Er dachte dabei an Weihnachten. Das erste Anzeichen war der dunkelgrüne Kranz von etwa dreißig Zentimeter Durchmesser, den Michèle offenbar heute morgen gekauft hatte und der jetzt auf dem Eßtisch an der Obstschale lehnte. Den würde Michèle auf den Klopfer an der Wohnungstür hängen, das wußte er. Die Messinggeräte am Kamin schimmerten wie immer; der Feuerhaken und die Zange wurden von Geneviève, der Haushilfe, blankgeputzt. Vier von den sechs oder sieben Ölbildern an den Wänden stellten Michèles Vorfahren dar, zwei in weißen gerüschten Spitzenkragen. Charles schenkte sich einen kleinen Glynfiddigh-Whisky ein und trank ihn pur. Der beste Whisky auf der Welt, seiner Ansicht nach. Ja, das Schicksal hatte es gut mit ihm gemeint. Luxus und Komfort, wohin er auch blickte. Er schlüpfte aus den plumpen Hausschuhen und trug sie ins Schlafzimmer, wo er mit Hilfe eines silbernen Schuhlöffels die Schuhe für den Abend anzog. Michèle war im Badezimmer noch mit ihrem Make-up beschäftigt; sie summte vor sich hin.

Zwei Tage später traf Michèle wieder mit dem kleinen

Jungen zusammen, dem sie den Zehn-Francs-Schein gegeben hatte. Sie war schon fast an ihrer Haustür angelangt, bevor sie ihn sah, denn sie hatte sich auf den eben gekauften weißen Pudel konzentriert. Ihr Taxi hatte sie an der Straßenecke weggeschickt und führte nun den kleinen Hund an der neuen schwarz-goldenen Leine vorsichtig am Randstein entlang. Das Hündchen wußte nicht, in welche Richtung es gehen sollte, wenn Michèle nicht an der Leine zog. Es drehte sich im Kreise herum, hüpfte in die falsche Richtung, bis das Halsband ihm Einhalt gebot, und blickte dann lächelnd Michèle an und trottete hinter ihr her. Ein Mann blieb stehen und bewunderte das Tierchen.

»Noch keine drei Monate«, erwiderte Michèle auf seine Frage.

Und da sah sie den kleinen Jungen. Er trug denselben Tweedmantel und hatte den Kragen gegen die Kälte hochgeschlagen. Sie erkannte, daß es die Anzugjacke eines Mannes war, viel zu groß für ihn; die Ärmel waren hochgeschlagen und die Knöpfe versetzt, damit sie enger um den Kinderkörper anlag.

»B'jour, Madame!« sagte der Junge. »Ist das *Ihr* Hund?«

»Ja, ich habe ihn gerade gekauft«, sagte Michèle.

»Was hat er gekostet?«

Michèle lachte.

Ruckartig zog der Junge etwas aus der Tasche. »Ich habe Ihnen was mitgebracht.«

Es war ein winziger Strauß Stechpalmenzweige mit roten Beeren. Michèle ergriff ihn mit der freien Hand und sah, daß er aus Plastik war; die Beeren waren auf den künstlichen Stielen zurechtgebogen, der unechte Kelch zerdrückt. »Danke schön«, sagte sie amüsiert. »Und was schulde ich dir dafür?«

»Gar nichts, Madame!« In seinem Gesicht stand Stolz, und er sah ihr offen in die Augen und lächelte. Seine Nase lief.

Sie drückte auf den Türknopf des Hauses. »Möchtest du einen Augenblick mit raufkommen und mit dem Hündchen spielen?«

»O ja, danke!« sagte er freudig überrascht.

Michèle ging voran über den Innenhof und in den Fahrstuhl. Sie schloß die Wohnungstür auf und machte den Hund von der Leine los. Dann gab sie dem Jungen ein Papiertaschentuch aus ihrer Handtasche, und er schneuzte sich. Der Junge und der Hund benahmen sich ganz gleich, dachte Michèle; sie sahen sich um, drehten sich im Kreis, schnüffelten.

»Wie soll ich das Hündchen nennen?« fragte Michèle. »Fällt dir was ein? Wie heißt du?«

»Paul, Madame«, antwortete der Junge und betrachtete weiter die Wände und das große Sofa.

»Komm! Wir gehen in die Küche. Ich werde dir eine Coca-Cola geben.«

Der Junge und der Hund folgten ihr. Michèle stellte dem Hund einen Napf mit Wasser hin und nahm eine Flasche Coca-Cola aus dem Kühlschrank.

Der Junge trank seine Cola aus einem Glas, während seine Blicke durch die große, weiße Küche schweiften; seine Augen erinnerten Michèle an offene Fenster oder an die Linse einer Kamera.

»Sie geben dem Hündchen *biftek hâché,* Madame?« fragte der Junge.

Michèle schabte das rote Fleisch mit einem Löffel aus dem Einwickelpapier des Schlachters auf eine Untertasse. »Ja, heute schon. Vielleicht jeden Tag ein bißchen. Später kann er dann Dosenfutter kriegen.« Die Kinderaugen fixierten das Fleisch, das sie wieder einpackte. Impulsiv fragte sie: »Möchtest du etwas? Einen Hamburger?«

»Auch ungekocht. O ja – ein kleines bißchen.« Er streckte eine Hand aus – die Nägel waren sehr schmutzig – und nahm, was ihm Michèle auf einem Teelöffel entgegenhielt. Paul schob sich das Fleisch in den Mund.

Michèle legte das Fleischpäckchen in den Kühlschrank und drückte die Tür fest zu. Der Hunger des Jungen machte sie irgendwie nervös. Natürlich – wenn er arm war, aß die Familie nicht oft Fleisch. Sie wollte ihn nicht danach fragen.

Leichter fiel es ihr, ihm einen Augenblick später Kekse aus einer fast vollen Dose anzubieten. »Nimm dir mehrere!« Sie gab ihm die Dose.

Langsam und gelassen aß der Junge sie alle auf, während er mit Michèle zusah, wie der kleine Hund die letzten Bröckchen von der Untertasse leckte. Dann nahm Paul die Untertasse hoch und trug sie an den Spülstein.

»Ist das recht, Madame?«

Michèle nickte.

Charles und sie hatten eine Geschirrspülmaschine und benutzten den Spülstein selten zum Abwaschen. Der Junge steckte jetzt die leere Keksdose in den gelben Abfalleimer. Der Eimer war fast voll, und der Junge fragte, ob er ihn für sie ausleeren könnte. Michèle schüttelte leicht den Kopf, erstaunt, als wäre ein Weihnachtsengel zu ihr in die Wohnung gekommen. Der Junge und der kleine weiße Hund! Der Junge so hungrig, und er und das Hündchen so jung! »Hier geht's runter. Aber du brauchst das nicht zu tun.«

Der Junge wollte ihr helfen, und so zeigte sie ihm den grauen Plastiksack am Dienstboteneingang, in den er den Abfalleimer ausleeren konnte. Dann gingen sie ins

Wohnzimmer zurück und spielten mit dem Hund auf dem Teppich. Michèle hatte einen blauen Gummiball gekauft, mit einer Glocke im Innern. Paul rollte den Ball behutsam dem Hund zu. Er hatte es höflich abgelehnt, seinen Mantel auszuziehen oder sich zu setzen. Michèle entdeckte Löcher an den Fersen seiner beiden Socken. Die Schuhe waren in noch schlechterem Zustand und aufgerissen zwischen den Sohlen und dem Oberleder. Und die Aufschläge der Blue Jeans waren ausgefranst. Wie konnte es einem Kind in Blue Jeans bei diesem Wetter warm sein?

»Danke schön, Madame«, sagte Paul. »Ich werde jetzt gehen.«

»Arr-ruff!« sagte der kleine Hund. Er wollte, daß der Junge ihm den Ball noch einmal zurollte.

Michèle war plötzlich so verlegen, als hätte sie einen Erwachsenen aus einem anderen Land und Kulturkreis vor sich. »Ich danke dir für den Besuch, Paul. Und ich wünsche dir ein frohes Fest, für den Fall, daß ich dich nicht mehr sehen sollte.«

Paul sah ebenso unsicher aus. Er verdrehte den Hals und sagte: »Frohe Weihnachten auch für Sie, Madame! Und für dich!« Das war an den kleinen Hund gerichtet. Abrupt wandte er sich der Tür zu.

»Paul – ich möchte dir gern etwas schenken«, sagte Michèle und folgte ihm. »Vielleicht ein Paar Schuhe? Welche Größe hast du?««

»Ohhh!« War der Junge rot geworden? »Zweiunddreißig. Oder vielleicht dreiunddreißig. Mein Vater sagt, ich wachse.« Er hob auf komische Art den einen Fuß an.

»Was ist dein Vater?« Michèle war froh, daß ihr eine praktische Frage eingefallen war.

»Austräger. Er nimmt Flaschen vom Lastwagen runter.«

Michèle sah im Geist einen kräftigen Mann vor sich, der Kästen mit Mineralwasser, Wein oder Bier von einem großen Lastwagen herunterhob und leere Kisten hinaufschmiß. So was sah sie überall in Paris, jeden Tag; vielleicht hatte sie sogar Pauls Vater schon mal kurz gesehen. »Hast du noch Geschwister?«

»Einen Bruder und zwei Schwestern.«

»Und wo wohnt ihr?«

»Ooch – wir wohnen in einer Kellerwohnung.«

Michèle mochte ihn nicht weiter nach der Kellerwohnung fragen, ob sie direkt im Keller oder im Souterrain lag; auch nicht, ob seine Mutter ebenfalls arbeitete. Der Gedanke an ein Geschenk für ihn machte ihr Freude. Schuhe. »Komm morgen gegen elf her! Dann habe ich ein Paar Schuhe für dich.«

Paul sah ungläubig aus und wühlte nervös mit den Händen in den Manteltaschen herum. »Ja, gut. Um elf dann.«

Der Junge wollte gern mit dem Lift allein hinunterfahren, also ließ ihn Michèle.

Am nächsten Vormittag schlenderte Michèle ein paar Minuten nach elf mit dem Hündchen an der Leine über den Gehweg in der Nähe ihrer Wohnung. Gestern abend hatten sie und Charles beschlossen, den Hund Ezekiel zu nennen, woraus schon jetzt die Kurzform Zeke geworden war. Plötzlich sah sie Paul und eine kleinere Gestalt neben ihm.

»Meine Schwester, Marie-Jeanne«, sagte Paul und blickte mit seinen großen, dunklen Augen erst Michèle an und dann seine Schwester, deren Hand er Michèle zuschob.

Michèle nahm die kleine Hand, und sie begrüßten einander. Die Schwester war eine kleinere Ausgabe von Paul, nur mit längerem schwarzem Haar. *Die Schuhe!* Zwei Paar hatte Michèle für Paul gekauft. Sie forderte beide Kinder auf, mit nach oben zu kommen. Wieder der Fahrstuhl, die Wohnungstür wurde erneut geöffnet, und das gleiche Staunen stand nun in den Augen der Schwester.

»Probier sie mal an, Paul! Beide Paare!« sagte Michèle.

Paul setzte sich auf den Boden und gehorchte, glücklich und aufgeregt. »Sie passen beide! Beide Paare!« Aus Spaß zog er einen rechten und einen linken Schuh an, die nicht zusammengehörten.

Marie-Jeanne interessierte sich mehr für die Wohnung als für die Schuhe.

Michèle holte Coca-Cola. Eine Flasche für jeden war wohl genug, dachte sie. Ihr wurde ganz warm ums Herz, als sie die Kinder ansah, aber sie wollte es nicht übertreiben und nicht irgendwie die Kontrolle verlieren. Als sie die Flaschen hereinbrachte, fing Zeke gerade an, an dem einen neuen Schuh zu nagen, und Paul lachte, während seine Schwester eilig den Schuh rettete. Etwas Coca-Cola floß über den Teppich; Michèle holte einen Schwamm, und Paul rieb an dem Fleck herum und spülte dann den Schwamm aus.

Dann waren sie plötzlich beide fort, jeder mit einem Schuhkarton unter dem Arm.

An diesem Abend konnte Charles seinen Brieföffner nicht finden. Er lag immer auf seinem Schreibtisch in einem Zimmer, das vom Wohnzimmer abging und Bibliothek und zugleich Charles Arbeitszimmer war. Er fragte Michèle, ob sie ihn vielleicht an sich genommen hatte.

»Nein. Vielleicht ist er runtergefallen?«

»Da habe ich schon nachgesehen«, sagte Charles. Aber sie suchten beide noch einmal. Er war aus Silber, sah wie ein flacher Dolch aus, und der Griff hatte die Form einer eingerollten Schlange.

»Geneviève wird ihn schon irgendwo finden«, sagte Michèle, aber kaum hatte sie ausgesprochen, da verdächtigte sie Paul – ja, sogar seine Schwester. Heiße Wellen wallten durch ihren Körper, kamen einem Gefühl persönlicher Verlegenheit gleich, als wäre sie verantwortlich für den Diebstahl, der zunächst nur eine Möglichkeit und noch keine Tatsache war. Etwas wie Schuld stieg in ihr auf, als sie einen Blick auf das leicht bekümmerte Gesicht ihres Mannes warf. Er öffnete einen Brief mit dem Daumennagel.

Und was hast du heute getrieben, Darling?« fragte Charles, nun wieder lächelnd, und legte den Brief in einen Aktendeckel.

Michèle erzählte, sie hätte mit der Telefongesellschaft über ihre letzte Rechnung gestritten und gewonnen; das war im Auftrag Charles' geschehen, der die Belastung für ein Ferngespräch angezweifelt hatte. Dann hatte sie beim Friseur hereingeschaut, etwa eine Stunde, und dreimal Zeke ausgeführt. Sie meinte, das Hündchen lernte recht schnell. Von den zwei Paar Schuhen für den Jungen namens Paul erzählte sie Charles nichts, auch nichts von seinem und seiner Schwester Besuch in der Wohnung.

»Und den Kranz habe ich an die Tür gehängt«, sagte Michèle. »Hast du's bemerkt?«

»Natürlich. Wie hätte ich das übersehen können?« Er umarmte sie und küßte sie auf eine Wange. »Wirklich hübsch, der Kranz, Darling.«

Das war am Sonnabend. Am Sonntag arbeitete Charles ein paar Stunden allein in seinem Büro, wie er es oft tat. Michèle kaufte einen kleinen Weihnachtsbaun mit einem x-förmigen Fuß und verbrachte einen Teil des Nachmittags mit dem Schmücken. Sie hatte ihn schließlich auf den Eßtisch und nicht auf den Fußboden gestellt, denn der kleine Hund ließ sich nicht davon abbringen, mit dem Tannenbaumschmuck zu spielen. Michèle freute sich nicht gerade auf den Pflichtbesuch bei Charles' Eltern am Montag, dem Heiligen Abend, um fünf Uhr. Die Eltern hatten niemals einen Baum, und sogar Charles hielt Weihnachtsbäume für eine dumme, aus England importierte Sitte. Die Eltern wohnten in einem großen alten Mietshaus, ohne Lift, im achtzehnten Arrondissement. Erst wurden die Geschenke ausgetauscht und dann wurde heißer Rotwein getrunken, von dem Michèle immer etwas übel wurde. Der Rest des Abends verlief dann fröhlicher bei ihren Eltern in Neuilly. Gegen Mitternacht gab es dort ein kaltes Buffet mit Sekt, und im Farbfernseher würden sie sehen, wie es überall in der Welt Weihnachten wurde. Das alles erzählte sie Zeke.

»Dein erstes Weihnachten, Zeke! Und du kriegst – ein Putenbein!«

Der kleine Hund schien sie zu verstehen; er schoß mit heraushängender Zunge und schalkhaft dreinblickenden schwarzen Augen im Zimmer umher. Und Paul und Marie-Jeanne? Ob sie jetzt lachten? Paul vielleicht, mit seinen zwei Paar Schuhen. Vielleicht hatte sie vor dem Weihnachtsabend noch so viel Zeit, daß sie eine Bluse für Marie-Jeanne und einen Kuchen für die anderen beiden Geschwister kaufen konnte. Montag ging das; vielleicht sah sie Paul noch mal und konnte ihm die Geschenke geben. Weihnachten – das hieß doch schenken, teilen, in Verbindung treten mit Freunden, Nachbarn und sogar mit Fremden. Mit Paul hatte sie schon angefangen.

»Auuwaoo-waoo«, sagte der kleine Hund und kauerte sich nieder.

»Ja – eine Sekunde, Zeke, Liebster!« Michèle lief und holte die Leine. Dann warf sie sich eine Pelzjacke um und ging mit Zeke nach draußen. Zeke strebte sofort auf den Rinnstein zu und wurde von Michèle gelobt. Das Feinkostgeschäft gegenüber war geöffnet, und Michèle kaufte eine Dose Pralinen – das heißt, es war eine prachtvolle Zinndose, die mehr als hundert Francs kostete –, nur weil ihr die rote Schleife auf dem Deckel ins Auge gefallen war.

»Madame – bonjour!«

Wieder mal blickte Michèle in Pauls Gesicht, das zu ihr aufsah. Seine Nase war hellrot vor Kälte.

»Frohe Weihnachten noch einmal, Madame!« sagte Paul, lächelte und stampfte mit den Füßen auf. Er trug die neuen braunen Schuhe. Die Hände hatte er in die Taschen gesteckt.

»Möchtest du eine heiße Schokolade?« fragte Michèle. Eine Imbißstube war nur wenige Schritte entfernt.

»Nein, danke schön.« Paul wandte schüchtern den Kopf ab.

»Oder eine Suppe?« fragte Michèle eifrig. »Komm doch mit nach oben!«

»Ich habe meine Schwester bei mir.« Paul wandte sich schnell um, steif vor Kälte, und im gleichen Augenblick kam Marie-Jeanne aus der Imbißstube gelaufen.

»Ah, bonjour, Madame!« Marie-Jeanne lachte. Sie trug eine blaue Strohtasche, die leer aussah, aber sie machte sie auf und zeigte den Inhalt ihrem Bruder. »Zwei Päckchen. Ist doch richtig? Zigaretten für meinen Vater«, sagte sie zu Michèle.

»Wollt ihr ein paar Minuten mit mir raufkommen und meinen Weihnachtsbaum ansehen?« Die Flamme der Hilfsbereitschaft loderte immer noch stark in Michèle.

Warum sollte sie diesen beiden nicht ein Schüsselchen heiße Suppe und ein paar Süßigkeiten geben?

Sie kamen mit. In der Wohnung stellte Michèle das Radio auf London ein, das Weihnachtslieder sendete. Genau das Richtige! Marie-Jeanne hockte sich vor den Weihnachtsbaum und schwatzte mit ihrem Bruder über die vielen hübschen Päckchen, die darunterlagen, den Baumschmuck und die kleinen Geschenke, die in den Zweigen hingen. Michèle wärmte inzwischen eine Dose Erbsensuppe, der sie die gleiche Menge an Milch hinzugefügt hatte. Schön nahrhaft. Die englischen Chorknaben sangen ein französisches Weihnachtslied, in das sie alle mit einstimmten.

Il est né le divin enfant
Chantez hautbois, résonnez musettes ...

Dann waren sie wieder, wie neulich, ganz plötzlich fort. Ihr Lachen und Schwatzen ... Zeke bellte, als wolle er sie zurückrufen, und Michèle saß da und mußte die leeren Suppenschüsseln und das zerknüllte Schokoladenpapier wegräumen. Spontan hatte sie den beiden den schönen Pralinenkasten für zu Hause geschenkt. In ein paar Minuten mußte Charles kommen. Michèle hatte die Küche aufgeräumt und ging gerade ins Wohnzimmer, als sie das Klicken der Fahrstuhltür und Charles' Schritt auf dem Treppenhausflur hörte und im gleichen Moment auf dem Kaminsims eine Lücke wahrnahm. Die Uhr! Charles' Ormoulu-Uhr! Sie konnte nicht weg sein! Aber sie war weg.

Ein Schlüssel wurde im Schloß umgedreht, die Tür ging auf. Michèle ergriff einen Karton – gelb verpackt, Hausschuhe für Charles – und stellte ihn auf den Platz, wo die Uhr gestanden hatte.

»Hallo, Darling!« sagte Charles und gab ihr einen Kuß.

Charles wollte eine Tasse Tee trinken. Die Temperatur war gesunken, und er hatte sich fast erkältet, als er eben auf ein Taxi warten mußte. Michèle machte Tee für sie beide und versuchte, sich so zu setzen, dass Charles gezwungen war, in einem Sessel Platz zu nehmen, der mit dem Rücken zum Kamin stand, aber das klappte nicht; Charles setzte sich in einen anderen Sessel als den, den sie bestimmt hatte.

»Was bedeutet denn das Geschenk da oben?« fragte Charles. Er meinte das gelbe Paket. Charles hatte Sinn für Ordnung. Immer noch gut gelaunt, ließ er lächelnd seine erste Tasse Tee stehen und trat an den Kaminsims. Er nahm das Paket, wandte sich zum Weihnachtsbaum um und blickte dann zurück zum Kaminsims. »Und wo ist die Uhr? Hast du sie weggenommen?«

Michèle preßte die Zähne zusammen. Allzu gern hätte sie gelogen und gesagt: Ja, sie hätte sie in einen Schrank gestellt um Platz für die Weihnachtsdekoration auf dem Kaminsims zu haben. Aber wäre das einleuchtend? »Nein, ich ...«

»Ist was los mit der Uhr?« Charles' Gesicht war ernst geworden, als erkundige er sich nach dem Gesundheitszustand eines geliebten Angehörigen.

»Ich weiß nicht, wo sie ist«, sagte Michèle.

Charles senkte die Brauen. Sein Körper straffte sich. Er warf das leichte Paket auf den Tisch mit dem Weihnachtsbaum. »Hast du den Jungen noch mal getroffen? Hast du ihn hier raufkommen lassen?«

»Ja, Charles. Ja ... ich weiß ...«

»Und war er vielleicht heute schon das zweite Mal hier?«

Michèle nickte. »Ja.«

»Herrgott noch mal, Michèle! Dahin ist also auch mein

Brieföffner verschwunden, stimmt's? Aber die Uhr! Himmel noch mal, die ist doch noch um einiges wichtiger! Wo wohnt dieser Junge?«

»Das weiß ich nicht.«

Charles machte einen Schritt auf das Telefon zu und blieb dann stehen. »Wann war er hier? Heute nachmittag?«

»Ja, es ist noch keine Stunde her. Charles, es tut mir wirklich ganz schrecklich leid!«

»Er kann nicht weit von hier wohnen. Wie konnte er das tun – mit dir hier im Zimmer?«

»Seine Schwester war auch mit hier.« Michèle hatte ihr gezeigt, wo das Badezimmer war. Natürlich hatte Paul die Uhr in dieser Zeit genommen und sie in den blauen Einkaufsbeutel gesteckt.

Charles verstand und nickte zornig. »Nun, das versetzen sie jetzt und dann können sie schön Weihnachten feiern. Von den beiden sehen wir in den nächsten Tagen keinen hier wieder – falls überhaupt je. Wie konntest du solche Strolche ins *Haus* bringen?«

Michèle zögerte. Charles' Zorn hatte sie erschreckt. Es war ein Zorn, der gegen sie gerichtet war. »Sie froren und sie waren hungrig – und arm.« Sie sah ihrem Mann in die Augen.

»Das war mein Vater auch, als er die Uhr erstand«, sagte Charles langsam.

Das wußte Michèle. Die Ormoulu-Uhr war Stolz und Freude der Familie Clément, seit Charles etwa zwölf gewesen war. Die Uhr war das einzige hübsche Stück in ihrem Arbeiterhaushalt. Sie war Michèle gleich beim erstenmal aufgefallen, als sie die Cléments besuchte, denn der Rest der Einrichtung war schrecklicher *style rustique*, billiger Lack und Resopal. Und Charles' Vater hatte ihnen die Uhr zur Hochzeit geschenkt.

»Dreckschwein«, murmelte Charles. Er zog an seiner Zigarette und blickte auf die Lücke auf dem Kaminsims. »Du kennst solche Leute wahrscheinlich nicht, meine liebe Michèle, aber ich kenne sie. Ich bin mit ihnen aufgewachsen.«

»Dann könntest du wirklich mehr Mitgefühl haben! Charles, wenn wir die Uhr nicht zurückkriegen, kaufe ich uns eine neue, so ähnlich wie irgend möglich. Ich weiß genau, wie sie aussah.«

Charles schüttelte den Kopf, schloß fest die Augen und wandte sich ab. Michèle ging hinaus und nahm das Teegeschirr mit. Es war das erstemal, daß sie Charles den Tränen nahe gesehen hatte. Charles wollte nicht mitgehen zu der Dinnerparty, zu der sie abends eingeladen waren. Er meinte, Michèle sollte allein gehen und für ihn eine Ausrede finden. Zuerst sagte Michèle, sie würde auch zu Hause bleiben, dann änderte sie ihren Entschluß und zog sich um.

»Ich weiß nicht, was du dagegen hast, daß ich eine neue Uhr kaufe«, sagte Michèle. »Ich kann nicht einsehen ...«

»Wahrscheinlich wirst du es wohl niemals einsehen«, sagte Charles.

Michèle kannte Bernard und Yvonne Petit schon lange. Sie war schon mit beiden befreundet gewesen, bevor sie Charles heiratete. Michèle hätte Yvonne die Geschichte von der Uhr sehr gern erzählt, aber so was konnte man nicht erzählen, wenn man um acht beim Essen saß; und als dann der Kaffee serviert wurde, war sie zu der Ansicht gekommen, es wäre das beste, gar nichts zu erzählen: Charles hatte sich ernsthaft aufgeregt, und schuld daran war sie. Doch beim Abschied fragte Yvonne sie, ob sie etwas auf dem Herzen hätte, was Michèle erleichtert zugab. Sie ging mit Yvonne in die Bibliothek, die sehr ähnlich war wie die in ihrer eigenen Wohnung, und erzählte die Geschichte mit wenigen Worten.

»Du, wir haben genau die Uhr *hier,* die du brauchst!« sagte Yvonne. »Bernard hat sie gar nicht mal gern. Das klingt schrecklich, wenn man es so sagt, nicht wahr? Aber liebste Michèle, die Uhr steht hier. Schau!« Yvonne schob ein paar Einladungskarten zur Seite, so daß man die Uhr mit dem flachen Sockel deutlich auf dem Kaminsims stehen sah; sie hatte schwarze Zeiger, und das runde Zifferblatt war gekrönt mit einer Tiara aus vergoldeten Zierknäufen und Schnörkeln.

Tatsächlich war die Uhr der gestohlenen sehr ähnlich. Während Michèle noch zögerte, holte Yvonne schon Zeitungspapier und einen Plastikbeutel aus der Küche und verpackte die Uhr fest. Sie drückte sie Michèle in die Hand und sagte: »Ein Weihnachtsgeschenk.«

»Aber hier geht es um das Prinzip. Ich kenne Charles, und du auch, Yvonne. Wenn die gestohlene Uhr aus meiner Familie stammte, auch wenn ich sie mein Leben lang gekannt hätte, für mich wäre das nicht so wichtig.«

»Ich weiß, ich weiß.«

»Tatsache ist, daß die Kinder arm waren – und daß Weihnachten ist. Ich habe sie mit raufgenommen, zuerst Paul allein. Einfach mit anzusehen, wie ihre Augen aufleuchteten, das war schon ganz wunderbar für mich. Sie waren so dankbar für ein Schüsselchen Suppe. Paul hat mir erzählt, sie wohnen irgendwo im Keller.«

Yvonne hörte zu, obgleich Michèle ihr alles schon zum zweitenmal erzählte. »Stell die Uhr einfach auf den Kaminsims, wo die andere gestanden hat – und hoffe das Beste!« Yvonne sprach mit zuversichtlichem Lächeln.

Als Michèle mit dem Taxi zu Hause ankam, war Charles im Bett und las. Michèle packte die Uhr in der Küche aus und stellte sie auf den Kaminsims. Erstaunlich, wie sehr sie der anderen glich! Hinter seiner Zeitung verborgen erklärte Charles, er hätte Zeke vor einer halben Stunde nach draußen geführt. Weiter sagte er nichts, und Michèle versuchte nicht, mit ihm zu reden.

Am nächsten Morgen – Heiligabend – erblickte Charles die neue Uhr auf dem Kaminsims, als er aus der Küche – wo er und Michèle gerade gefrühstückt hatten – ins Wohnzimmer kam. Empörung stand in seinen Augen, als er sich zu Michèle umwandte.

»Also, Michèle – das reicht.«

»Yvonne hat sie mir geschenkt. Uns geschenkt. Ich dachte – nur für Weihnachten ...« Was hatte sie denn gedacht? Wie hatte sie den Satz beenden wollen?

»Du verstehst überhaupt nichts«, sagte er bestimmt. »Ich habe gestern abend eine Beschreibung der Uhr an die Polizei gegeben. Ich bin aufs Polizeirevier gegangen, und ich habe vor, die Uhr zurückzubekommen! Ich habe sie auch über den Jungen informiert, der ›ungefähr zehn‹ ist, und über seine Schwester, die beide irgendwo hier in der Gegend in einem Keller wohnen.«

Charles sprach, als hätte er einem furchtbaren Feind den Krieg erklärt. Michèle kam das absurd vor. Als Charles dann im Ton kaum unterdrückter Wut weiterredete von Unehrlichkeit, von milden Gaben an Verantwortungslose, an Leute, die sie nicht verdient hatten und sich auch gar nicht bemühten, sie zu verdienen, von Rowdies und ihrer Verachtung für das Privateigentum, da begann Michèle zu verstehen. Für Charles war es, als hätte man seine Festung gestürmt und als wäre der Feind von seiner eigenen Frau hereingelassen worden – und als stünde sie auf der anderen Seite. Bist du vielleicht Kommunist, hatte Charles fragen können, aber das tat er nicht.

Michèle betrachtete sich nicht als Kommunistin und hatte es auch niemals getan.

»Ich finde einfach, die Reichen müßten teilen«, unterbrach sie ihn.

»Seit wann sind wir denn reich – wirklich reich, meine ich?« erwiderte Charles. »Ja, ich weiß. Deine Familie ist reich, und du bist daran gewöhnt. Du hast die Einstellung geerbt. Es ist nicht deine Schuld.« Warum um Himmels willen sollte es ihre Schuld sein? fragte sich Michèle. Sie begann sich jetzt sicherer zu fühlen. Oft genug hatte sie in Büchern und Zeitungen gelesen, man müßte die Reichtümer in diesem Jahrhundert aufteilen, sonst würde es schlimm enden. »Ja – und was die Kinder betrifft, so würde ich dasselbe noch mal tun«, sagte sie.

Charles' Wangen bebten vor Erbitterung. »Sie haben uns beleidigt! Das war Diebstahl!«

Michèles Gesicht begann zu glühen. Sie verließ das Zimmer, jetzt ebenso erzürnt wie Charles. Aber sie spürte, sie hatte einen Pluspunkt. Mehr als das, sie war im Recht. Sie müßte es nun in Worte fassen, sich ihre Argumente zurechtlegen. Ihr Herz schlug schnell. Sie blickte auf die offene Schlafzimmertür und erwartete Charles zu sehen, erwartete seine Stimme, die sie bat, zurückzukommen. Alles blieb still.

Charles ging eine halbe Stunde später in sein Büro und erklärte, er werde wahrscheinlich nicht vor halb vier zurück sein. Zwischen vier und fünf sollten sie zu seinen Eltern gehen. Michèle rief Yvonne an, und im Laufe der Unterhaltung wurden ihre Gedankengänge klarer, und der langsame Tränenstrom versiegte.

»Ich finde Charles' Haltung falsch«, sagte Michèle. »Aber das darfst du einem Mann nicht sagen, liebe Michèle. Sei nur vorsichtig!«

Nachmittags um vier begann Michèle ein taktvolles Gespräch mit Charles. Sie fragte ihn, ob ihm die Verpackung des Geschenks für seine Mutter gefiele. Das Päckchen enthielt die weiße Tischdecke, die sie Charles schon gezeigt hatte.

»Ich gehe nicht mit. Ich kann nicht.«

Und über Michèles Protest hinweg: »Glaubst du denn, ich kann meinen Eltern gegenübertreten und zugeben, daß die Uhr gestohlen ist?«

Warum mußte er die Uhr denn erwähnen? Es sei denn, er hatte vor, das Weihnachtsfest zu verderben, dachte Michèle. Aber sie wußte, es hatte keinen Zweck, ihn zum Mitkommen zu überreden, und gab es daher auf. »Dann gehe ich – und nehme die Geschenke mit.« So geschah es. Sie ging und überließ Charles seinem Groll und dem Warten auf einen möglichen Anruf von der Polizei, wie er gesagt hatte.

Michèle war gegangen, beladen mit den Geschenken für Charles' Eltern und auch mit denen für ihre eigenen Eltern. Charles hatte gesagt, er werde etwa um acht in der Wohnung ihrer Eltern in Neuilly erscheinen. Aber er kam nicht. Michèles Eltern rieten ihr, Charles anzurufen; vielleicht war er eingeschlafen, oder er hatte gearbeitet und die Zeit darüber vergessen. Aber Michèle rief ihn nicht an. Bei ihren Eltern war alles so schön und fröhlich – ihr Baum, die Sektbehälter, ihre schönen Geschenke, darunter ein Reiseschirm im Lederetui. Charles und die Uhrgeschichte zeichneten sich wie ein drohender, garstiger, schwarzer Schatten im goldenen Glanz des Wohnzimmers ihrer Eltern ab. Michèle kam noch einmal mit der ganzen Geschichte heraus.

Ihr Vater lachte. »Ja, ich glaube, ich erinnere mich an die Uhr. Nichts weiter Fabelhaftes. War schließlich nicht von Cellini.«

»Aber der Gefühlswert, Edouard«, sagte Michèles Mutter.

»Schade, daß es gerade zu Weihnachten passieren mußte. Und es war leichtsinnig von dir, Michèle. Aber – ja, da gebe ich dir recht, es waren einfach kleine Straßengören, und die Versuchung war groß.«

Michèle fühlte sich noch weiter gestärkt.

»Nicht das Ende der Welt«, murmelte Edouard und füllte die Gläser von neuem mit Sekt.

Am nächsten Tag, dem ersten Weihnachtstag, und auch am Tag darauf dachte Michèle an die Worte ihres Vaters. Es war nicht das Ende der Welt, aber das Ende von etwas. Die Polizei hatte die Uhr nicht gefunden, doch Charles war der Ansicht, man würde sie finden. Er hatte, wie er Michèle versicherte, recht energisch mit ihnen gesprochen und ihnen eine farbige Zeichnung der Uhr, die er selbst mit vierzehn angefertigt hatte, vorgelegt.

»Natürlich werden die Diebe sie nicht sofort versetzen«, sagte Charles zu Michèle , »aber in die Seine schmeißen sie sie auch nicht. Über kurz oder lang werden sie versuchen, sie zu Geld zu machen, und dann nageln wir sie fest.«

»Offen gestanden, ich finde deine Haltung unchristlich und grausam«, sagte Michèle.

»Und ich finde deine Haltung – dumm.«

Es war nicht das Ende der Welt, aber es war das Ende ihrer Ehe. Keine späteren Worte, keine Umarmung – falls es je wieder dazu kam – konnten bei Michèle diese Bemerkung ihres Mannes wiedergutmachen. Und ebenso stark spürte sie in Charles' Herzen und in seinen Gedanken eine tiefe Abneigung, eine echte Aversion gegenüber seiner Frau. Und sie bei ihm? War das nicht ein ganz ähnliches Gefühl?

Charles hatte etwas verloren, das Michèle als »human« bezeichnete – wenn er es je besessen hatte. Mit seinem ärmeren, weniger privilegierten Hintergrund hätte Charles mehr Mitgefühl als sie aufbringen müssen, dachte Michèle. Was war unrecht, und was war recht? Sie war verwirrt, wie es zuweilen geschah, wenn sie versuchte, die Verse von Weihnachtsliedern oder von Gedichten zu ergründen, die man auf verschiedene Weisen auslegen konnte; doch das Herz oder das Gefühl suchte und fand wohl immer seinen eigenen Weg, wie das ihre es getan hatte. Und war das nicht richtig? War es nicht richtig, Verzeihung zu üben, besonders zu dieser Zeit im Jahr?

Ihre Freunde und Eltern rieten zur Geduld. Sie sollten sich eine Woche oder so trennen. Weihnachten machte die Menschen immer nervös. Michèle könnte zu Yvonne und Bernard kommen und eine Weile dort bleiben, was sie auch tat. Dann konnten sie und Charles noch einmal miteinander reden, was sie auch taten. Doch es änderte sich nichts – gar nichts.

Vier Monate später waren Michèle und Charles geschieden. Und die Uhr hat die Polizei nie gefunden.

Emilie Fontane
Mein Herzensmann
Drei Briefe an Theodor Fontane

Emilie an Theodor Fontane

Neu-Ruppin d 21t Dez. 55.

Mein Herzensmann.
Gestern Nachmittag endlich, nachdem ich doch schon angefangen hatte, mich zu beunruhigen, erhielt ich Deine beiden Briefe. (z. Glück hatte ich Dein Zettelchen per Einlage zwei Tage zuvor erhalten.) Du schreibst sehr liebenswürdig u. nach langem Darben habe ich mich recht daran erquickt. Mir geht es wie Dir, ich bin vollkommen ruhig, so lange die Hauptsache fest steht, daß ich Dich Ende Januar wieder sehe. Unser Junge heilt jetzt wieder ab, aber Arme und Beine habe ich ihm früh u. Abends verbinden müssen, doch bin ich glücklich daß es nun vorüber ist. Gestern Abend kam er rüber, er ist dann immer bei Annen. Tante Minna's Mädchen, die er sehr liebt, u. sagte, letztere war bei uns in der Stube, wir lesen jetzt »soll und haben« (mit innigem Vergnügen lese ich es noch einmal) »mir thut hier am Bein etwas weh«; ich wollte nachsehen, er sagte aber hastig »es hat Zeit bis nachher.« Als Tante Minna fort war, sagte er: »mein Pepichen thut so weh, das konnte ich doch nicht sagen, wie Tante hier war. [«] Nach einigem Stillschweigen meinte er: »leise hätte ich Dir es freilich sagen können, aber nach sehen konntest du doch nicht.« Er zählt Tage u. Stunden bis Weihnachten u. immer wieder müssen wir ihm erzählen, wie schön es sein wird. Leider kann ich Dir geliebtes Herz keine Freude

machen u. hoffe daß Du wenigstens diese Zeilen zum heilig Abend erhältst; mir kannst Du in Wahrheit nichts *lieberes* schenken wie einen Brief. 40 T, Dein Weihnachtsgeschenk, hat der Geh. Sekretair selbst zu Mutter K. gebracht, u. so siehst Du daß ich reichlich mit Gelde versehen bin. Mutter Triepcke hat mir auch 10 T geschenkt. Ich freue mich kleine Freuden bereiten zu können, u. habe heute schon an Papa, Laura u. Mutter kleine Kistchen abgeschickt; an Max hatten wir geschrieben u. Grüße von Dir mitgeschickt. Wir werden den heilig Abend still gemüthlich allein verleben, denn Tante Minna wird nach Kränzlin. Ich kann mir gar keine Idee machen, wie Du mit Deinem guten Wenzel den Abend verleben wirst, vielleicht besser wie ich denke: wenigstens geben Euch doch die Feiertage etwas Muße.

Ich möchte gern schon am 29ten oder 30ten hier abreisen u. wünschte sehr, Du *schriebest,* daß Du damit einverstanden bist. Ich würde unbedingt bis zu den ersten Tagen des Neujahr's *gern* hier bleiben, aber da am Sylvester der letzte Ball ist, den Lischen voraussichtlich hier besuchen wird, u. ich unbedingt an dem Abend nicht ein solches Vergnügen mit mache, so will ich entweder in Berlin, wie voriges Jahr bei Kugler's den Abend zubringen, oder bei Laura. Hier bleiben, nach meiner Rechnung, könnte ich doch nicht viel länger, denn wenn Du Ende Januar zurück kehrst, habe ich doch 14 Tage mit Zurechtmachen unserer Häuslichkeit zu thun. M. Kummer ist heut mit Adelchen nach Herrnhut abgereist u. hat mir ihr Quartier u. Mädchen zur beliebigen Verfügung gestellt. – Jennychen schickt Dir ihre herzlichen Grüße; Papa u. Max werden Weihnachten bei ihr zubringen. Letzterer schrieb neulich an Mutter, daß er leider erst Mitte Januar den Schluß machen könnte, da der alte Klug erkrankt sei

u. seine beiden Gefährten nur bei dem vorgehen wollten; er Max, sei unzufrieden darüber, denn er wäre sehr fleißig gewesen u. fühlte er hätte etwas gelernt. Am 1 Februar tritt er wieder bei Simon ein. Herrmann hat mir zwar auf meinen Brief noch nicht geantwortet; zu meiner großen Freude schrieb mir aber Mutter, er beabsichtige mich bei meiner Anwesenheit bei Laura, zu besuchen. Auch Mutter Triepcke will im Fall ich reise, noch einige Tage zu mir nach Berlin kommen. – Daß Du zu Weihnachten nicht schickst (außer hoffentlich das versprochene Beste, einen Brief) ist mir sehr, sehr lieb, denn baar Geld werden wir noch genug gebrauchen u. ich brauche nichts, als einige Kleinigkeiten, mit denen ich mich in Berlin u. mit Deiner Erlaubniß erfreuen werde. Mein schwarzes Baregekleid ist reizend; ich mache hier ordentlich Aufsehn damit; denke nur nach der ersten Gesellschaft, bei Zychlinsky's, wo ich es trug, hatte man erzählt, ich hätte ein echtes Kantenkleid für 100 T angehabt, das hat mich sehr amüsirt. Bist Du nun im Besitz Deines Dicken u. freust Du Dich ein wenig über sein treues Hundegesicht. Die Taufe bei Scherzens war sehr nett. Ich hatte die Ehre, den kleinen Täufling zu halten, er heißt Richard u. kann ich Dir nicht verhehlen, daß ich soll gut ausgesehen haben. Bei Tisch saß ich neben Rudolph, an dessen Seite – seine Braut, Frl. Gephardt, Tochter eines wohlhabenden Gutsbesitzers, saß; sie ist gar nicht hübsch, aber sehr liebenswürdig u. Rudolph scheint sehr glücklich; an meiner linken Seite saß Ramdohr u. mir vis à vis Herrmann Scherz; seine Lisbeth war bildschon, u. scheint der kleine Ankömmling das elterliche Verhältniß zu meiner großen Freude inniger denn je gestaltet zu haben. Alle grüßen Dich tausendmal, wir tranken auf Dein Wohl, u. war ich sehr glücklich zu sehen, wie geliebt u. geschätzt Du bist. Ramdohr erzählte mir von einem »neuen Kinderfreund« wo Deine Feldherrn-Gedichte stehen, u. meinte, Du könntest doch kaum mehr erreichen, als so in das Volk zu dringen; ich habe ihm jetzt die Litteratur Blätter u. den Aufsatz über Dich geschickt. Papa habe ich Grüße von Dir geschickt u. ein Exemplar Deiner Correspondence. – Ich habe seit 4 Tagen einen sehr schlimmen Finger; sonst sind wir Alle recht wohl u. hoffe ich im besten Einvernehmen von hier zu scheiden. Lebe recht, recht wohl, u. schreibe bald u. daß Du mein Schatz bist; ich *will* ganz vernünftig sein u. werde niemand mit meinem Herzen belästigen; aber ich fühle es u. es wird sich am heilig Abend doch sehr bemerkbar machen. Gott schenke uns ein fröhliches u. baldiges Wiedersehn, dann ist Alles nachzuholen.

Mutter u. Lise schicken Dir herzliche Küsse den innigsten Dein getreues Weib.

Emilie

[Beilage von George Fontane:]
Mein süßer Papa, nun ist bald heilig Abend, wenn Du doch hier wärest, dann solltest Du einen hübschen bunten Mantel kriegen. Ich wünsche mir einen Helm Tornister, ein ordentliches lebendiges Pferd noch viel. –

Adieu lieber Papa von dem Baum werde ich mir immer etwas abpflücken. Es küßt Dich Dein

Sohn George.

N.R.d.21./12.55.

Emilie an Theodor Fontane

Neu-Ruppin d 25ten Dez. 55.

Mein geliebter Mann.

So eben erhielt ich Deinen lieben Brief u. da Mutter u. Lischen in der Kirche sind, Georgechen selig herumspielt, so kann ich Nichts besseres thun, als Dir sagen, daß ich mich ganz *unendlich* über das Gedicht freue; mein süßer Theo wenn ich nur erst wüßte, *wann* ich Dich werde dafür abherzen können, aber davon ist in dem ganzen liebenswürdigen Schreiben keine Sterbenssilbe zu finden; soll es nun wieder länger dauern wie bis Ende Januar? ich mag nicht daran denken. – Ich fürchte mein Brief ist nun gestern auch nicht in Deinen Händen gewesen, dann bekömmst Du ihn heut u. Morgen wohl auch noch nicht. Laß Dir nun von gestern erzählen, wo mir doch weher um's Herz war, wie ich fürchtete. In der Schummerstunde, vor dem aufbauen, saß ich mit George am Ofen u. sprach von Dir u. als er merkte, ich weine, da sagte er: mir thut es auch weh, daß ich nicht bei meinem süßen Vater bin. Nachdem wir aufgebaut hatten, Mutter beschenkte ihn mit einem reich verzierten Baum, u. der kleine Tisch war voll Spielzeug, war er erst ganz benommen; still, aber glühend bis über die Ohren, zog u. hing er sich Alles um, sogar die Pulswärmer, die ich zur Reise gestrickt habe, u. kam dann, ohne daß ihm es gesagt war: ich danke dir mein Mütterchen u. meine Großmama. Daß aber auch ein ganzer Teller voll Pfefferkuchen zu seinem beliebigen Verbrauch da stand, konnte er garnicht fassen. Er war wirklich sehr nett u. mit Thränen in den Augen, halb Freud, halb Leid, sah ich ihm zu. Mutter und Lischen waren sehr erfreut, u. ich ebenso daß ich sie hatte erfeuen können. Auf meinem Platz lag ein netter Aufsatz, (den mir unser Mutterchen schon zur Kindtaufe geschenkt hatte) u. Allerlei von Sommerfeldt, was mir so wie Dir, Oblaten u. Papier, immer das liebste ist, sogar eine Flasche Eau de Cologne mit der Aufschrift »Theodor« die ich auch seiner Zeit richtig abliefern werde. Außerdem erhielt ich sehr liebe Briefe von Thilde u. Herrmann, nebst einem fertigen, äußerst geschmackvollen Kittel für Georgechen. Herrmann proponirt mir ein Rendez-vous bei Clara in Ludwigslust; da er aber auch sein Kommen nach Luckenwalde verspricht, so habe ich dafür mehr Lust; einmal scheue ich, immer mit Rücksicht auf die große Reise, jede unnöthige Strapaze für den Jungen u. dann ist Clara u. ihr Haus mir doch ziemlich entfremdet. Nur eine herzliche Einladung von ihrer Seite würde mich natürlich umstimmen. Ein Brief von unserer Merckel fehlt nicht, aber er stimmte mich sehr wehmüthig, denn sie theilte mir mit, daß sie am 21ten ihre Schwester (Mutter der hübschen Lina) plötzlich am Lungenschlage verloren haben; ich werde ihr natürlich gleich schreiben. – Wir leben jetzt äußerst still, es kümmert sich kein Mensch um uns, *mir* ist dies in doppelter Beziehung wohlthuend. Einmal weil mir jegliche Sympathie für die lieben Leutchen fehlt u. es sich tausendmal angenehmer mit unserem Mutterchen lebt, wenn *sie* von außen unberührt bleibt; sie ist nun mal ausnehmend gut in der Kinderstube u. den angrenzenden Räumen aber – ungenießbar in der Gesellschaft. Mir wird es schwer werden, von ihr zu gehen, wenn es wirklich auf *Jahre* sein sollte. Uebrigens sind wir nun allesammt, bis auf das glückliche nicht Zeit u. Ort kennende Kindergemüth, sehr ungeduldig u. können garnicht erwarten, bis Du schreiben wirst, nun ist über Kommen oder Bleiben entschieden. Ich weiß nun auch garnicht, soll ich denn am 2ten Jan. zu Laura reisen; länger möchte ich nicht gern hier bleiben.

10 Uhr Abends. Eigentlich sollten diese Zeilen Morgen Abend erst fort, allein bei dem unregelmäßigen Postgang ist es doch besser, er geht bereits früh ab, damit Du an Deinem Geburtstag doch *eine* Aufmerksamkeit von mir erhältst, als Geschenk, habe ich Dir falls Du zurück kommen solltest, das Menzel'sche Bild zugedacht, welches Du für Sommerfeldt besorgt hattest. Wünschen kann ich Dir nur eine recht kräftige, lange, lange Jahre dauernde Gesundheit, denn Dein liebenswürdiges, heiteres Gemüth wird Dir unser guter Gott wohl erhalten.

Ich freue mich, daß Dein Geburtstag ein Sonntag ist, da hast Du doch nicht die Zeitungsquälerei; ich werde dann wohl noch hier sein u. eben so wehmüthig gestimmt sein, wie heut den ganzen Tag, aber was hilft's? der Gedanke, Dich vielleicht im Januar noch nicht wieder zu sehn, steht jetzt als drohendes Gespenst vor meiner Seele, ach, ich kann nicht länger ohne Dich sein.

Georgematz wollte auch schreiben u. Dir Glück wünschen; einen ganz kleinen, (den *kleinsten* den er hatte) Pfefferkuchen hat er raus gesucht Dir zu schicken; jetzt schläft er bereits seit Stunden, denn von allem spielen war er sehr müde. Er hat immer von Neuem wieder Ausschlag, befindet sich aber sehr wohl dabei. Morgen werden wir wohl bei Scherzen's sein. – Vor 10 Jahren machte ich Dir ein Gedicht; heut wäre es mir aber nicht möglich, trotzdem es in meinem Herzen noch eben so aussieht wie damals. Sei herzinnig geküßt von Deiner nur durch Dich glücklichen

Frau Emilie.

Emilie an Theodor Fontane

Neu-Ruppin d 29t. Dez. 55.

Mein Herzensmann.

So eben erhalte ich Deinen Brief vom 25ten (durch die Gesandtschaft ist mir noch keiner zugegangen) u. habe ich mich doch innig darüber gefreut; einmal weil Du wieder mein Erwarten einen schönen heilig Abend gehabt hast u. weil sich aus Deiner Verdrehtheit doch Liebe herausfühlt, u. dann, das bist Du auch gewohnt, bin ich von jeher so schwach, auch den schwärzesten Verdacht zu verzeihn.

Gestern erhielt ich wieder einen Brief von unserer geliebten Merckel mit der freundlichsten Einladung bei ihr zu wohnen; ich habe ihr nun geantwortet ich würde in Mutter's Wohnung logiren, namentlich auch weil unser Junge an das Mädchen gewöhnt ist u. sein Wilhelm jeder Zeit zum spielen da ist. Lepel schrieb mir auch einen freundlichen Brief, den ich Dir vielleicht noch mitschicken kann; er theilte mir den Bankerutt von Katz mit. Vater Fontane scheint wirklich gerührt durch meine Mütze u. bonbon's gewesen zu sein, denn er schrieb mir gestern einen förmlich zärtlichen Brief u. freue ich mich daß ich mich nicht habe abhalten lassen, ihm diese Aufmerksamkeit zu erzeigen. – Gestern Abend waren wir bei Stegemann's. ihr Sohn Adolph ist hier u. hat mir sehr gut gefallen, er hat mir herzliche Grüße für Dich aufgetragen. – Am 31ten früh 10 Uhr reise ich mit meinem Dicken hier ab u. bin gegen 5 Uhr in Berlin. An Clara Beyer habe ich geschrieben, ich wollte den Sylvester Abend bei Kugler's verleben, sie sollte aber dort nichts von meinem Kommen sagen. Für heut genug mein Mann, wir sind zum Kaffee bei Apotheker Arndt, Georgemann mit; wie viel werde ich in *dem Hause* Deiner u. des morgenden Tages gedenken.

Berl. d 1 Januar 1856. Vor Allen ein frohes Glück auf! mein theurer, Herzensmensch. Ich bin in ganz gewaltiger Aufregung, denn so eben schickte Metzel her, ich möchte zwischen 11–12 Uhr zu ihm kommen. Da ich nun einige Angst habe, ich könnte vielleicht traurig und unbefriedigt zurückkommen, so will ich ohne diesen Einfluß Dir den gestrigen Tag beschreiben, wo mein Herz viel wehmüthige Freude empfunden hat. Zuerst noch von Deinem Geburtstag, den wir bei Nernst's mit Scherzen's, Ramdohr's u. Zychlinsky's heiter u. viel Deiner gedenkend, verlebten; ich saß zwischen Ramdohr und Scherz u. letzterer versicherte stets, wie liebenswürdig *Du* mich gemacht hättest, was wenn es nur einigermaßen der Fall ist, ich auch nicht in Abrede stelle. Er wollte Dir bald schreiben, aber es wird, wie ich ihm auch sagte, im Reich des Wollens bleiben; ich schreibe wohl lauter Unsinn, aber mein Herz schlägt so, daß ich fürchte mir wird die Stimme versagen, wenn ich nun endlich Metzel gegenüber stehe. – Der Abschied von Mutterchen wurde mir doch recht schwer, George ist aber ein ächter Fontane u. freute sich auf die Veränderung. In der Post trafen wir Soldaten, worüber er sich sehr freute; der eine war sehr betrübt, denn er reiste zum Begräbniß seiner alten Mutter u. bedauerte wiederholt ein mühsam erspartes 2 T Stück zu der Reise verbrauchen zu müssen. Er rührte mich so, daß ich ihm in Neustadt ein kleines, warmes Frühstück verabreichen ließ. Im Wagon saßen wir allein u. hier angekommen, fanden wir eine hübsch warme Stube u. eine gute Brühsuppe. Ich zog Georgechen um, aß flüchtig u. fuhr dann zu Metzel, weil ich die gute Absicht hatte, Dir noch gestern das Resultat meines Besuch's mitzutheilen. Leider traf ich nur seine Frau, die aber ausnehmend liebenswürdig war, was mit wohl that; sie wollte ihm sagen daß er mich heute benachrichtigte, weil er am späteren Abend auch nicht zu treffen wäre. Von ihr zu Merckel's, denen ich schriftlich versprochen, mit vorzukommen; ich traf sie leidend aber hocherfreut mich zu sehen, ebenso er u. Fräulein Clara die sehr gut aussah. Nach einer Stunde fuhr ich zu Hause, fand unser kleines Lebensglück bereits schnarchend u. nachdem ich mich etwas ordentlich gemacht, ging ich 7½ Uhr zu Kugler's. Ich wurde so freundlich empfangen, daß selbst Dein Mißtrauen das herzlichste Gefühl daraus erkannt hätte. Ich las Deinen Brief vor u. erregte allgemeine Heiterkeit daß Du etwas mit Bedenken meine Anwesenheit hier ansiehst. Bei Tisch las Kugler Dein Weihnachtslied vor u. aller Augen waren naß; übrigens war mir, (es waren nur Beyer's noch da) so wohl, ich fühlte mich Dir so nahe, saß neben Kugler, der ordentlich väterlich war, daß ich doch mit Freude die geistige Verbindung u. Verwandtschaft der Menschen empfand. Um 12 ½ Uhr brachten mich Beyer's zu Hause u. als ich an Georgechens Bettchen trat, richtete er sich auf u. sagte: ich habe geträumt in drei Tagen sind wir bei unserem süßen Papa. – ich herzte u. küßte unser Kind, für Dich mit, sprach mit ihm von Dir u. ging dann todtmüde zu Bett. Was wird des Kindes Traum bedeuten? ich höre nun auf; bekomme ich nun eine Antwort nach unseren Wünschen, so schreibe ich den zweiten Bogen auf rosa Papier!

Heut Mittag bin ich mit Storm bei Kugler's, Abends bei Merckels; ich wollte morgen Nachmittag zu Laura, aber die Merckel will mich noch Mittag's bei sich sehen u. so habe ich den 3ten zur Abreise bestimmt.

In vier Wochen so Gott will, sind wir bei Dir! ach, Theochen ich glaube, ich habe alle Menschen auf dem Wege hierher angelacht. Metzel, der Director geworden ist, war ausnehmend artig u. freundlich. Er führte mich gleich in das Zimmer seiner Frau u. begann nun: er hätte nichts gegen meine Reise einzuwenden, Frauen ständen zwar nicht auf dem Etat, aber Wenzel käme ja zurück; sie wären entschlossen, das Unternehmen noch ein Jahr durch zu führen; die Sachen wäre er der Ansicht sollten wir irgend wo unterbringen, denn Du könntest ja auch anderen Sinnes werden. Unsere Wohnung sollte ich aufgeben u. mich zur Reise einrichten, bis zum 15ten wollte er mir dann den *bestimmten* Bescheid ertheilen, was ich *so* deute, daß er mir das Reisegeld anweisen wird. Ich bin glückselig. Am 3ten früh reise ich nun zu Laura u. erwarte dort Deinen Brief, mein alter, Herzensmann! Georgechen springt umher u. brüllt: in 4 Wochen sind wir bei Väterchen!

Nun will ich an Mama schreiben, die auch auf's höchste gespannt ist; Lischen wird auch selig sein. Nun Lebewohl mein Bester u. freue Dich so wie Deine Frau

Emilie Fontane.

Brigitte Schwaiger

Ein Fisch hat keinen heiligen Abend

Der Weg von daheim zum Eislaufplatz ist gar nicht so weit am Tag, wenn der Himmel blau und der Schnee fest und knirschend sind, und die Schlittschuhe und das Wollhauberl und das kurze Rockerl aus Samt, das neue das hat das Christkind voriges Jahr gebracht, ein dunkelblaues, mit Borten aus Kunstpelz, rosarot, auch am Jackerl eine Borte, wie wenn man schon eine Zirkuskünstlerin wäre. Und das kann man sich ja vorstellen, beim Eislaufen, daß man »Bombe« und »Flieger« und »Kadettensprung« nicht für sich allein, sondern vor vielen, vielen Zuschauern macht, die dann applaudieren. Wirklich wahr, Greti ist wirklich die Klügste, die Schönste, die Glitzerndste und die Bravste. Wenn Greti groß ist, möchte sie Filmschauspielerin werden, und alle werden sie bewundern.

Da ist so ein weiter Weg gar nicht weit, und man grüßt auch alle Leute, während man so dahingeht, in der Vorfreude auf die Gesichter, die sie machen werden, wenn Greti einmal Adele heißt oder Ines und einen amerikanischen Namen hat, vielleicht. Es genügt auch ein französischer. Auf jeden Fall berühmt werden. Das muß man. Anders zahlt sich das Großsein gar nicht aus. Nicht so werden wie die Erwachsenen, sondern ganz anders. Jetzt kommt eh bald das Christkind und vielleicht ist wieder ein tolles Buch dabei. Da kann man vergessen, wie klein man ist, beim Lesen. Aber gewünscht hat sich Greti vom Christkind nichts. Sie ist jetzt nicht mehr so dumm, daß sie lange Briefe schreibt »An das liebe Christkind, Postamt Christkindl« oder »Himmel«. Und die Briefe dann bei der Mutter abgeben oder bei der Oma. Das sind Frauen, die nicht verstehen.

Greti turnt so gern allein und nicht im Turnsaal beim Turnverein. Sie läßt sich gern vom Kasten ins Bett fallen und stellt sich dabei vor, daß man ihr zuschaut und viele um ihr Leben zittern. Sie klettert gern aufs Dach und wagt den Sprung von einem Dach zum andern, und noch nie ist sie abgestürzt, obwohl, ihre Freundin Klara hat gesagt: »Wenn man sich ganz locker fallen läßt, kann man den Sturz vom zweiten Stockwerk überleben.«

Greti will ja gar nicht sterben oder verunglücken. Dafür ist sie viel zu jung. Obwohl einmal ein Bub mit dem Fahrrad umgefahren worden ist von einer Dame mit Mercedes, und ein kleines Kind ist einmal von einem Lastwagen erfaßt worden. Greti mag aber nicht daran denken. In ein paar Wochen kommt das Christkind, und da wollen wir alle fröhlich sein.

Das sagt sie sich jetzt auch, und die Mädchen sind schon da, und die Buben spielen schon »Schwarzer Mann« und das Schlittschuhezusammenbinden geht viel zu langsam, man möchte schon draußen sein, in der harschen Luft, auf dem Eis, man möchte schon Spuren kratzen, man möchte schon mit den hinteren Zacken der Eisen ganz fest hineinhauen in die glatte Fläche, damit die Eisstückchen fliegen und der Schneestaub aufgewirbelt wird. Man möchte laut, ganz laut das Eis zerschlagen. Und einmal so frech sein wie ein Bub und so gemein. Und gar nicht denken an das blöde Christkind, daß es jetzt kommt, dieses Christkind, das es eh nicht gibt, die Eltern kaufen ja alles, und knausrig sind sie auch, seit man sagt, was man sich wünscht.

Irgendwelche Sachen halt. Schreibst sie halt auf. Daß du groß und schön und reich werden möchtest und beliebt, ja vor allem beliebt, die Beliebteste von der Welt, das geht ja niemanden etwas an, am allerwenigsten das Christkind, das Bescheidenheit verlangt und Demut und Kleinbleiben, »Danke« sagen und nicht aufbegehren.

Manchmal glaubt Greti, daß sie, wenn sie groß ist, in einem Rollstuhl sitzen und gelähmt sein wird für immer, während die anderen springen und tanzen. Und das nur, weil sie so unverfrorene Wünsche hat.

Aber dagegen hilft das Eislaufen. Sie flitzt von einem Mädchen zum andern, zupft jedes am Zopf, am Roßschwanz und am Schal, schreit »Schau!« und »Schauts!« und »Hallo!« und »Hallots!« und vollführt einen Kadettensprung, wie ihn sonst nur Klara kann, aber die Klara steht abseits mit dem Gipsverband, die hat sich eine Sehne fast zerschnitten bei einem waghalsigen Kunstsprung.

»Eh ka Kunst! Wenn man's kann, ist es keine Kunst!« behauptet der Dolfi, der kleine Bruder vom Eder-Buben. Die beiden stehen immer beisammen, und der große Eder legt manchmal seine Hand auf die Schulter vom jüngeren Bruder.

Greti nimmt Anlauf, schlittert übers Eis, geht in die Knie, dann in die Hocke, hockerlt sich ganz tief, balanciert mit den Armen das Gleichgewicht aus und streckt den Fuß vor, dann das ganze Bein, und fast kommt sie bis zu den Schneebergen.

So. Das war die »Bombe«. Nur leider, es hat niemand hergeschaut. Klara hat ein Kracherl mit und zwei Leberkässemmeln. Die Mädchen stehen alle um Klara herum.

Wurscht! In drei Wochen kommt das Christkind, und ich habe mir die Fortsetzung von »Wir Kinder aus Bullerbü« gewünscht und »Gulla«, dritter Teil, »Gulla« hat sechs Bände und ist ein richtiges Romanwerk. Es ist unglaublich, wieviel manche Schriftstellerinnen schreiben und wieviel ihnen einfällt und wer ihnen das diktiert und ob das alles wahr ist.

Lesen, noch viel schöner als eislaufen. Zum Lesen braucht man gar nichts. Nur ein Buch. Und das Butterbrot. Mit Honig. Der tropft dann auf die Seiten und auf die Finger, und man weiß gar nicht, wo man zuerst lecken soll. Dann kommt die Mutter.

»Hast schon wieder ein Butterbrot in der Hand? Du weißt, man soll beim Lesen nichts essen! Schau her, wie das Buch ausschaut!«

Dann geht Greti sich die Hände waschen und trocknet sich brav ab, wie ein feines Kind, bei dem die Mutter immer darauf achtet, ob es schön ist. Denn die Mutti, die hat ja nie Zeit. Außer zum Schimpfen. Daß der Hals dreckig ist, die Ohren und so weiter.

Greti liebt aber die Geschichten von den strengen Müttern, die ihre Kinder sorgfältig anziehen und es merken, wenn eine Falte schief sitzt. Sie kann stundenlang zuhören, wenn Klara erzählt, wieviel Wäsche die Mutter wieder zum Bügeln hat, weil Frau Zweymüller alle Betten täglich frisch überzieht. Sie haben ein Hotel, jedenfalls das Gasthaus mit den Zimmern im oberen Stock, die sie vermieten. Fremdenzimmer. Für echte Fremde. Aus Deutschland, aus England sogar. Klara sagt, es waren schon einmal vier Engländer und ein paar Amerikaner bei ihnen. Und »guest« heißt »Gast«, und das spricht man so: gest. Wie die Gäst'.

Klara steht immer im Mittelpunkt, wenn sie von daheim Leberkässemmeln und Kracherl mitbringt. Ihre Mutter schenkt ihr alles, nur die anderen müssen es im Geschäft kaufen. Gretis Vater hat leider nur eine Anwaltskanzlei. Bei der Klara gibt es Schinken, Käsewurst, Schinkenwurst, Salami, Salzstangerl, Äzedara.

Das sagt die Klara immer: »Äzedara.« Es heißt: in Hülle und Fülle. Endlos, unendlich und »Äzedara«.

Der Papa sagt, das ist lateinisch. Wurscht! In drei Wochen kommt das Christkind, jetzt hat die Klara keine Leberkässemmeln mehr, die Mädchen haben ihr alles weggegessen, die haben auch das Kracherl trinken wollen, aber Klara hält es mit dem Strohhalm noch fest in der Hand, nicht einmal Greti dürfte vom Kracherl der Klara trinken. Das ist »unhügienisch«.

Damals haben sie wirklich gestritten. Unhügienisch, weil die Greti von der Schwedenbombe zuerst abbiß und dann der Klara anbot, da, kannst auch abbeißen, kannst eh was haben, glaubst, ich bin so neidig? Aber die Klara schüttelte den Kopf.

Das war bei Gretis Geburtstagsfeier. Zwanzig Schwedenbomben hatten die Mädchen gebracht. Weiße, mit Kokos bestreut. Nicht die braunen, wo nur Schokolade außen drauf ist. Richtige, echte weiße Schwedenbomben. Und die Greti hat eine nach der andern gegessen, bis auf die siebte. Die übrigen hat sie weggepackt. Und von der siebten hätte sie die Klara abbeißen lassen. Aber dann haben die Mädchen alle gestritten, Greti weiß gar nicht, warum. Auf einmal war die Schachtel mit den großen Bomben – so groß waren sie ja gar nicht, aber viele, unendlich viele, fast äzedara Schwedenbomben – wie ein Verbrechen. Und die Klara geht heim. Die Greti weint. Die andern Mädchen sagen: »Mach dir nichts draus, die Klara ist doch eh so blöd.« Aber die Greti läuft der Klara nach und bittet sie um Verzeihung.

Schwung, Bogen, Arme ausstrecken, absetzen, in die Hocke und – Sprung!

Die andern haben es gesehen, aber Greti macht noch einen und noch einen und noch einen Kadettensprung, so wie wenn sie allein hier wäre. Und nur sie, nur sie kann die Kunststücke.

»Wenn man's kann, ist es keine Kunst.«

Greti hört die Worte des kleinen Eder-Buben. Sie kann sich nicht erklären, warum dieser Bub ihr so auf die Nerven geht. Immer steht er neben seinem großen Bruder, geht mit ihm, läßt sich von ihm streicheln, obwohl er schon sieben oder acht Jahre alt ist. Greti mag solche verwöhnten Kinder nicht. Sie hätte lieber nur Freundinnen, die so sind wie sie, frei, vogelfrei, niemand kümmert sich, nur zum Essen geht man heim und zum Schlafen, und wenn man groß ist, endlich draußen aus dem kleinen, flachen Kinderkörper, dann fährt man weit fort und kommt als Berühmte zurück. Man hat in vielen Filmen gespielt, und die Leute trauen sich einen fast nicht anreden. Dann holt man die Mutter ins gläserne Haus, das man sich gebaut hat, und man verwöhnt die Mutter.

Weil, die Mutter von der Greti ist so arm. Immer schreit der Papa. Greti muß ihre Mutter beschützen. Die Mutti hat so viel von ihrer traurigen Kindheit erzählt. Da traut man sich vom Christkind gar nichts wünschen. Da muß man froh sein, daß die Mutti da ist. Einfach, daß es sie gibt. Und daß sie einmal lacht, zu Weihnachten. Ein bißchen lacht sie da. Und das ganze Jahr über geht sie mit ernstem Gesicht herum.

Liebes Christkind, die Mutti hat zu Weihnachten nur eine Zinkbadewanne gehabt, und gebadet ist sie worden vor dem Heiligen Abend, und die Eltern haben die Zinkbadewanne auf die Kohlenkiste gestellt, und dann haben sie das Wasser heiß gemacht und das kleine Mädchen geschrubbt.

Die Mutti hat gewußt, das Christkind ist schon im Schlafzimmer, und sie ist zum Schlüsselloch gelaufen und hat hineingeschaut, aber es war halt alles noch finster. Aber gerochen hat sie, daß das Christkind da ist.

Ein schönes Kleid hat sie anziehen dürfen zu Weihnachten. Und das Christkind hat ein silberblitzendes Kleid getragen, ganz lang, und es war ein Mädchen mit zwei Flügeln. Das Kleid fiel vom Hals bis über die Füße. Es fiel sehr schön.

Das hat die Mutter erzählt, von früher. Wie alle Menschen arm waren. Aber jetzt ist Aufschwung, und man fliegt bald auf den Mond. Im Radio haben sie gemeldet, daß ein Sputnik die Erde umkreist. Und man wird auf den Mars fliegen und die Marsmännchen ausforschen. Die sind grün, hat Klara gesagt. Ganz grün sind die Menschen, die auf dem Mars wohnen. Man kann sie im Fernsehen zeigen, leider hat das Fernsehen nur schwarzweiße Bilder.

Wurscht. Neunzehnhundertsechzig geht eh die Welt unter. Die Klosterschwester hat es gesagt, und alle Leute sagen es, die gläubig sind. Die Gottesmutter von Fatima hat es den Hirtenkindern erzählt. Sie sollen es dem Papst berichten. Und der Papst hat die Botschaft gelesen und ist gleich darauf in Ohnmacht gefallen und hat verkündet: »Das dürfen meine Gläubigen nie erfahren!«

Aber wann geht die Welt wirklich unter? Neunzehnhundertsechzig ist ja schon vorbei. Nur, für Greti ist die Zeit damals stehengeblieben.

Da war Sonnenfinsternis, ja, und da war einmal ein Nordlicht, und ein Komet ist auch gekommen, aber Weltuntergang war nicht, und sie hat sich vorgestellt, beim Weltuntergang sind alle Menschen vereint, und dann sieht man Gott.

Das war das Wichtigste überhaupt: einmal Gott sehen.

Ihn endlich einmal sehen. Und wissen, daß es ihn gibt. Und wie er zu den Menschen dann spricht.

Greti hat sich gut vorbereitet. Wenn es Gott nicht gibt, dann wird sie ein Filmstar.

Hoffentlich gibt es Gott nicht.

Sie möchte so gern, daß alle sehen, wie sie singt, wie sie sich dreht, wie sie sich bückt, um etwas an ihrem Schuh zu richten, und sie möchte so gern in der »Illustrierten« abgebildet sein mit einem »Ehemann Numero drei« oder »Ständigen Begleiter«. Sie möchte schneeweiße Zähne haben und Locken.

Manchmal, wenn Greti allein ist, singt sie ganz leise »Schlafe, mein Prinzchen«. Sie stellt sich vor, sie ist Farah Diba und hat gerade den Kronprinzen für Persien geboren. Gott sei Dank, daß es ein Bub war! Alle Leute, die die »Illustrierte« gelesen haben, haben sich so gefreut!

Im Eislaufhütterl riecht es nach verbrannter Wolle. Das sind die Socken, die beim Eisofen hängen. Manche Buben hängen die Socken immer viel zu nah hin, damit sie schneller trocknen, aber dann brennen sie an, und trocken werden die Socken ohnehin nie, weil sich Eisklümpchen verfangen haben im Rillenmuster, zwei glatt, zwei verkehrt, alle Buben haben solche Socken, alle Mädchen haben Wollstrümpfe, es ist so fad manchmal, man muß warten, bis die Großen kommen, am Abend, die vom Gymnasium, von den höheren Klassen, die tanzen auf dem Eis, mit den Mädchen, und sie schwingen sich langsam zum »Donauwalzer« hinaus in die Nacht.

Das ist, wenn die Frau Maurar alle Mädchen, die noch da sind, nach Hause jagt.

Greti geht dann heim. Meistens allein, weil Klara schon in der Dämmerung von ihrer Mutter abgepaßt wird. Und die anderen Mädchen dürfen auch nicht so lange ausbleiben. Aber bei ihr ist das etwas anderes. Sie sagt einfach zur Mutter, daß es so lustig war. Und daß sie so viel gespielt haben und die Zeit übersehen.

Der Weg vom Eislaufplatz heim ist furchtbar weit. Sie schwört sich jedesmal, daß sie nie wieder, nie mehr, nie, nie wieder eislaufen gehen wird. Diese Kälte! Da nützen die Handschuhe nichts. Die Finger sind steif gefroren, wie die Zehen. Und die Knie. Und die Waden. Alles schüttelt sich vor Frost. Und die Schlittschuhe, die blöden. Und die Haube, die ganz naß ist.

Der Schnee, so hart. Unterm schwarzen Himmel gehen und keinen Stern sehen, weil man vor Kälte nicht hinaufschauen will, immer nur zur Mauer, hinter der der Teich ist, der zugefrorene. Eine riesige Eisdecke liegt über den Karpfen, und sie versteht wieder einmal nicht, wie man ein Fisch sein kann, wie man das aushält, immer schwimmen, und nirgends stehenbleiben, immer muß man schwimmen, weil man sonst erfriert.

Ein Fisch hat keinen Heiligen Abend. Und keine Erstkommunion. Ein Fisch hat keine Ferien, weil er nicht in die Schule geht. So ein Fisch wird nur herausgefangen und gegessen, manchmal. Lieber Gott, ich danke dir, daß ich kein Fisch bin. Ich danke dir, daß du mich als Mädchen zur Welt kommen hast lassen. Und daß ich die Greti bin.

Und ich habe die besten Eltern und die liebsten Freundinnen und das wärmste, schönste, allerschönste Haus. Und meine Eltern sind die einzigen, die ich haben möchte. Und wenn ich groß bin, werde ich eine berühmte Schlagersängerin. Und eislaufen gehe ich nie wieder, sondern morgen bleibe ich daheim und helfe der Großmutter bei der Weihnachtsbäckerei. Und ich tu auch immer recht schön beten, damit ich nie wieder friere. Und zu Weihnachten wünsche ich mir, daß ich auch in meinem nächsten Leben kein Fisch sein muß. Weil, die Klara glaubt nämlich an Seelenwanderung. Und ich möchte mit meiner Seele nicht mehr wandern. Ich möchte meine Seele immer gut behüten und nie mehr neidisch sein und alles herschenken, was ich zu Weihnachten bekomme, falls es wieder heißt, daß ich so habgierig bin.

Weil, es ist am Abend so kalt, daß ich überhaupt nicht verstehe, warum ich eislaufen gehe. Und morgen melde ich mich freiwillig zum Halbinternat. Dort sitzt man den ganzen Nachmittag mit dem Lineal, und die Klosterschwester wacht.

Am Abend geht man nach Hause, und zu Weihnachten bekommt man vom Christkind einen Photoapparat und Halbschuhe und einen Babypelz. Das sind so Waschbärfelle, weißt du, lieber Gott, liebes Christkind, so künstliche, weiße oder rosarote, gar nicht schwere Felle, da kann man einen Mantel draus haben, und dann ist man so hübsch wie die Klara. Die Klara sagt, er ist ganz billig. Jedenfalls nicht so teuer wie ein echter Pelz. Und für Kinder gut geeignet.

Und daß der Papa nicht fragt heuer, was die Geschenke gekostet haben. Das wünsche ich mir auch. Liebes Christkind. Deine Margarethe.

Vielleicht, wenn Du mir auch »Immer lustig in Bullerbü« schenkst, das ist dritter Teil, und »Gulla« alle sechs Bände. Und was Du halt sonst noch glaubst. Herzlichst, Greti.

Dorothy Black

Die weise Frau

Kurz vor Weihnachten, als der erste Schnee zu fallen begann, machte Ruth sich auf den Weg, um die weise Frau zu besuchen. Sie sagte sich, daß sie es nur aus Jux mache, aber im innersten Herzenswinkel wußte sie, daß sie schon eine ganze Zeit mit dem Gedanken gespielt hatte. So etwas tat man ja nur, wenn alles andre nichts mehr helfen wollte, und es schien so, als wolle jetzt nichts mehr helfen.

Im Herbst war es ihr zum erstenmal in den Sinn gekommen, als der in den Bäumen seufzende Wind sie so sehr an den Herbst vor zwei Jahren erinnert hatte – damals, als Johnnies Flugzeug abgestürzt war und alles zuende war, kaum hatte es begonnen. Der wilde Wein rankte sich rot wie Blut über das weiße Haus. Die Fasanen im Kornfeld paßten genau zum herbstlichen Goldrot der Bäume. Das Birkhuhn rief von den Bergen herunter: »Zurück! Zu-rück!«

Doch man kann nie zurück. Kann nur vorwärtsgehen. Aber wohin? Das war es, was sie fragen wollte. Das war es, was die weise Frau ihr raten sollte.

»Du solltest nicht so ganz allein da oben im Hochland wohnen«, schrieben ihre Freundinnen. »Komm wieder nach London. In die alte Umgebung! Geh unter die Leute!«

Aber sie wollte nicht unter die Leute gehen. Es war friedlich hier oben im Hochland, wenn in weiter Ferne die

Dudelsackpfeifen zu hören waren (denn dann hörten sie sich am schönsten an); und sie liebte das weisse Haus. Alles erinnerte sie an Johnnie. Der Garten, den sie gemeinsam angelegt hatten. Und was sie geplant hatten. Bis vor einem Monat hatte sie an seinem Buch gearbeitet, die Druckbögen korrigiert, das alles erledigt. Zwei Jahre hatte sie dafür gebraucht, und jetzt war es veröffentlicht und gleich ein großer Erfolg geworden. Und noch eine Tür zur Vergangenheit hatte sich geschlossen. Ihr war zumute wie einer Mutter, deren einziges Kind heranwuchs und in die Welt hinausging. Was jetzt? Die Tage wurden ihr so lang. Und dann war ganz überraschend Terence in diesem Herbst erschienen. Terence, ein Mann aus ihrem früheren Leben, der aus Kenya gekommen war, der sich Urlaub genommen hatte. Sie wußte, daß Terence sie damals geliebt hatte, ehe sie Johnnie heiratete. Doch sie war nicht so eitel zu glauben, daß er ihretwegen aus Kenya hergekommen war – und daß er ihretwegen nicht geheiratet hatte. Er liebte es, *à la carte* zu leben, nahm sie an – so wie sie es liebte, mit ihren Erinnerungen zu leben.

Nun war es ihr plötzlich klar geworden, daß Erinnerungen nicht genügen, um das Leben einer jungen Frau auszufüllen, die noch keine dreißig Jahre alt war. Sie hatte nichts zu tun – trotz Haus und Garten und Unabhängigkeit. Traurig dachte sie: warum muß es immer so ausgehen, daß die glücklichen Paare auseinandergerissen werden, während andere, die sich gegenseitig zu Tode langweilen, bis ans Lebensende zusammengeschmiedet sind? Sie steigen munter und gesund aus jedem Flugzeug, und nie stößt ihnen ein Unglück zu!

Ach, ihr unzufriedenen Ehefrauen, dachte Ruth, seid doch froh, dass ihr jemand habt, für den ihr sorgen könnt! Schnell verdrängte sie alle Gedanken an jenen andern

Herbstabend, als das Telefon durch das stille Haus lärmte und das Ende ihrer Welt über sie hereinbrach.

Dann war ganz unerwartet Terence aufgetaucht und hatte einen Hauch von einer Welt mitgebracht, die sie früher gekannt hatte, und die Erinnerung an viele fröhliche Menschen. Nach den ersten paar Tagen seines Besuchs wurde es ganz klar, weshalb er gekommen war und was er im Sinn hatte.

»Du solltest ihn nehmen, Kindchen«, hatte Nannie gesagt. »Er ist ein prächtiger Mensch, und für dich ist das hier kein Leben. Nicht für ein so junges Ding wie dich!« Seit ihrer frühesten Kindheit hatte sie sich bei Nannie ausweinen können, und so war es noch heute.

»Für eine alte Frau wie mich ist es ein schönes, ruhiges Leben, aber nicht für dich ... Wenn wenigstens Kinder da wären«, seufzte Nannie.

Ja, wenn Kinder dagewesen wären: ein kleiner Junge mit Johnnies schmalem Tigergesicht und seinem wirren roten Haarschopf, mit Johnnies strahlendem Lachen und seinem wilden Temperament! Aber sie hatten ja kaum Zeit gehabt, Kinder zu bekommen!

Zuerst war es überhaupt Nannies Idee gewesen: »Du solltest mal zur weisen Frau gehen und die fragen!« sagte Nannie. »Ich bin auch schon bei ihr gewesen.«

Ruth lachte sie aus. »Hat sie dir einen guten Rat gegeben?«

»Doch. Sie hat mir meine Warzen weggebracht. Sie kann wirklich heilen!« Aber ein zerbrochenes Leben ist nicht so leicht zu heilen, dachte Ruth.

»Sie kennt die ganze Familie. Sie kann sich sehr gut an Mr. Johnnie erinnern, als er ein wilder junger Schlingel war und vom College in England zurückkam. Das ist jetzt acht Jahre her, hat sie gesagt.«

Das war lange vor der Zeit, als ich ihn kennenlernte, dachte Ruth und versuchte sich den wilden jungen Johnnie vorzustellen. »So hübsch sah er aus in seinem Kilt, und zu seinem einundzwanzigsten Geburtstag wurden Freudenfeuer abgebrannt, und die Dudelsackpfeifer spielten so lustig, sagt sie. Ja, sie hat mir viel vom jungen Johnnie erzählt.«

Die weise Frau lebte allein in einer winzigen Hütte mit Strohdach am Ende eines Moors.

»Es gefällt ihr dort«, sagte Nannie. »Man hat ihr ein gutes Haus im Dorf angeboten, mit fließendem Wasser und Installation, aber sie will nicht hin.«

Die weise Frau bezog ihr Wasser aus einer Pumpe, die im Winter ganz in Sacktuch eingewickelt war, und da sich die weise Frau auch in Sacktuch einzuwickeln liebte, war sie schwer von der Pumpe zu unterscheiden. Doch im Sommer trug sie eine heitere geblümte Schürze. Ruth hatte noch nie mit ihr gesprochen, sah sie aber oft mit einem großen Reisigbündel aus dem Wald kommen, und dann nickten sie einander zu, wie es auf dem Lande üblich ist.

»Sie glaubt, daß sie fünfundachtzig ist«, sagte Nannie, »und ganz bestimmt hat sie das zweite Gesicht. Alle Mädchen hier gehen zu ihr und lassen sich von ihr beraten oder kaufen ihr ein Tränklein ab. An so etwas glaube ich natürlich nicht, aber immerhin …«

Vielleicht könnte sie mir ein Tränklein verkaufen, das die Erinnerung abtötet, dachte Ruth. Das wäre ein Segen. Dann wäre es mir möglich, Terence und ein neues Leben in einer neuen Welt in Betracht zu ziehen.

»Du und ich, wir könnten gut zusammen hausen«, hatte Terence gesagt. »Ich würde nicht versuchen, Johnnie auszustechen oder zu verdrängen. Ich weiß, wie ihr euch geliebt habt ... Aber Ruth, bedenke nur, wie schrecklich es ihm wäre, dich hier jeden langen Winter so allein zu wissen ... So weit von jedem Menschen ...«

Er war lieb und ein fröhlicher, guter Kamerad. Und er sah sehr sympathisch aus. Sie hatte nichts gegen ihn einzuwenden – nur das eine, daß sie ihn nicht liebte.

»Das kann noch kommen«, sagte er beharrlich. »Überlege es dir, Ruth! Ich bleibe bis Mitte Dezember in England. Überlege es dir und gib mir Bescheid!«

Sie hatte es überlegt. Hatte sich vorgestellt, wie Terence an Johnnies Stelle durch ihr Leben gehen würde. Wie Terence sich vor dem Spiegel rasierte, ganz mit weißem Seifenschaum bedeckt, und komische Gesichter schnitt, wie es die Männer zu tun pflegen, wenn sie sich rasieren. Viele lange Abende hatte sie an ihn gedacht und versucht, sich in ein Leben mit ihm hineinzudenken, denn sie mochte ihn sehr gern.

Aber es ging einfach nicht! Anfang Dezember hatte sie ihm geschrieben und es ihm mitgeteilt. Und als sie es getan hatte, erst da fragte sie sich, ob sie richtig gehandelt habe, und beschloß, zu der weisen Frau zu gehen.

Es schneite, als sie den Hügel hinunterging. Der erste Schnee in diesem Winter. Sie mußte lachen, als sie einen aus Ginster zusammengebundenen Besen vor der Tür stehen sah. Wie passend für eine weise Frau, wenn sie sich an mondhellen Nächten fortbegeben wollte! Lachend betrat sie die Küche. Sie sah ganz so aus, wie sie sein mußte. Im alten Kamin brannte ein mächtiges Feuer. In der einen Ecke stand ein mit bunt karierten Tartans bedecktes Bett. Und in einem Schaukelstuhl saß gemütlich die weise Frau und hatte eine Katze auf dem Schoß.

»Herein, herein!« rief die weise Frau ihr entgegen. »Setzen Sie sich hier ans Fenster! Wie schmuck Sie aussehen!

Ich hab' schon so oft gedacht, ob Sie nicht zu mir kommen würden! Sie glauben nicht, wie ich mich freue, denn ich habe sie alle gekannt, damals, 's ist lange her, und Ihren Mann auch, den hübschen Burschen!«

»Wollen Sie mir die Zukunft sagen?« bat Ruth scheu.

»Haha, das wollen sie alle! Und ich sag' ihnen soviel, wie gut für sie ist.« Sie lachte in sich hinein und brühte Tee auf.

»Sagen Sie ihnen nicht alles? Auch wenn Sie den Rest wissen?« fragte Ruth und blickte auf die alte Frau, die so gerade wie ein Baum dastand, auch wenn sie glaubte, sie sei fünfundachtzig. Was für ein schönes Mädchen mußte sie zu ihrer Zeit gewesen sein!

»Ich sag' niemals alles«, kicherte die weise Frau, »sondern bloß das, womit sie fertigwerden können.«

Ruth nippte an ihrem Tee, der heiß und schwarz und sehr süß war. Sonst trank sie ihren Tee ohne Zucker.

»Und Sie haben immer hier gewohnt?« fragte Ruth schüchtern, denn die alte Frau interessierte sie.

»Mein ganzes Leben. Immer in der gleichen Hütte. Meine Kinder leben nicht mehr. Ich hatte eine einzige Enkelin, die ist in Kanada gestorben. Ein Unfall. Vor zwei Jahren ...« Sie schaukelte sich langsam und litt noch unter dem Schmerz. »Sie war ein sehr schönes Mädchen!«

»Das glaub' ich gern«, sagte Ruth aufrichtig.

»Wie steht's mit Ihnen, da wir uns jetzt bekanntgemacht haben? Was wollen Sie gern wissen, Lassie? Ja, ein *bonnie lassie* sind Sie, und so früh schon Witwe. Es ist schlimm!«

»Jemand liebt mich, und ich habe ihn weggeschickt«, sagte Ruth. »War es falsch? Oder hab' ich recht getan?«

Es war seltsam, wie leicht ihr die Worte fielen. Leichter als Nannie gegenüber, die zuviel von ihr wußte. Es dämmerte schon. In der kleinen Küche wurde es dunkel, bis auf den Flammenschein, der den Schatten der weisen Frau auf die Wand warf. Sie nahm Ruths Hände in ihre Hand und zeichnete mit ihren knochigen Fingern die Handlinien nach. Sie murmelte vor sich hin. »Es hätt' nicht so ausgehen sollen!« Dann blickte sie ein Weilchen ins Feuer, und dann sprach sie.

»'s ist recht, was Sie gemacht haben. Für manche gibt's nur ein einzigesmal Liebe. Ein Herz, das treu ist, kann sich nicht ändern. Für manche gibt's nur den einen! Für andre – ist jeder recht. So ist es nun mal. So ist es nun mal ...«

»Ich bleibe also immer allein?« sagte Ruth. Sie sagte es traurig, denn die Abende in dem großen Haus waren lang, wenn der andere Stuhl am Feuer leerstand.

Die weise Frau hatte das Kinn in die Hand gestützt und blickte ins Feuer. Der Wind draußen seufzte unheimlich. Eine Handvoll Schnee pritschelte gegen die Scheiben. Er schien die alte Frau aus ihrer Träumerei zu reißen.

»Es kommt alles gut aus«, sagte sie mit ihrer seltsamen Hochlandstimme. «Nicht so, wie es hätte sein sollen – sicher nicht – mit Freudenfeuern auf den Bergen und Dudelsackmusik ...«

Sie ist ein bißchen verrückt, dachte Ruth mitleidig. Das arme Altchen, so allein am Rand vom Moor!

»Es ist doch noch einer für sie da. Er kommt«, rief die weise Frau. »Er ist der, den Sie brauchen, und kein andrer ... und er wird Ihnen seine ganze Liebe schenken. Die Liebe, die Sie brauchen.«

Ruth dankte ihr, und insgeheim amüsierte sie sich ein wenig, weil es eine so unwahrscheinliche Prophezeiung war. Sie wollte der weisen Frau etwas Silbergeld in die Hand drücken, aber es wurde barsch abgelehnt. Dann ging sie und ließ sie allein am Feuer zurück, mit der Katze auf dem Schoß.

»Was hat sie dir gesagt?« fragte Nannie eifrig.

»Nichts, was einen Sinn ergeben hätte«, sagte Ruth. »Sie hat mir einen lieben Menschen versprochen, aber was nützt mir das schon. Terence war ein lieber Mensch. Sie hat gesagt, es wäre recht gewesen, daß ich nicht mit ihm gegangen bin.«

»Es war jammerschade«, sagte Nannie und dachte sehnsüchtig an das warme, sonnige Kenya, wohin sie ihrer Herrin noch lieber gefolgt wäre als hierher in das rauhe Hochland. Der scharfe Hochlandwind ist nichts für alte Knochen ... Und sie dachte an Kinderzimmer mit freundlichem Kaminfeuer hinter hohem Gitter und an den Geruch von warmen Flanelltüchern, die davor aufgehängt waren, und an Spielzeugschränke und Körbe voll Stopfkram – denn das waren die Dinge, die ihr Leben ausmachten, und nun würde es nie mehr so sein. In dem großen weißen Haus war Platz genug für Kinder, doch sie würden nie hier spielen, und es kam ihr ganz verrückt vor, den Weihnachtsbaum zu schmücken, wo doch niemand da war, ihn anzuschauen, nur sie beide, die längst über die Weihnachtsfreude hinaus waren.

Trotzdem fuhr sie in ihrer Arbeit fort, reckte sich mühsam, um die obersten Zweige zu erreichen, und dachte an die alten Zeiten, als Ruth ein kleines Mädchen gewesen war und als die Gassenjungen vor dem Fenster ihr Lied von den Heiligen Drei Königen gesungen hatten. Hier lag dicker Schnee, und die Samtvorhänge waren noch nicht zugezogen, so daß sich die bunten Glaskugeln am Weihnachtsbaum in den Scheiben spiegeln konnten.

»Wir sind die drei Kön'ge aus Mohrenland«, summte Nannie vor sich hin und ging ans Fenster, um die Vorhänge zuzuziehen. Da sah sie ihn! Ein kleiner Junge stand draußen und preßte das Gesicht gegen die Scheibe.

Zuerst glaubte sie, es sei einer von ein paar Weihnachtssängern, doch als sie an die Haustür ging, sah sie, daß es nur der eine kleine Junge war. Er hatte sich auf die Treppe gesetzt und den Kopf auf die Knie gelegt. Sicher hatten ihn die Kälte und die Anstrengung ermüdet.

»Wach auf, Jungchen! « rief sie und schüttelte ihn. »Wo kommst du denn her?«

Er zeigte irgendwo ins Dunkel hinein, wo das ferne Städtchen lag. »Von dort ... Schickt mich nicht wieder hin! Bitte, bitte, schickt mich nicht wieder hin!«

Sie hob ihn auf und trug ihn in die Halle. Wie schön es war, ein Kind in den Armen zu fühlen – wie sie es früher gewöhnt war. Erst als sie ihn in der Küche vor sich hatte und ihm die nassen Kleider abstreifte, fiel ihr sein Haar auf. Es war brandrot! Und es stand ihm wirr um den Kopf. »Ihr schickt mich doch nicht wieder hin, nicht wahr?« flehte er, und sein Kinn zitterte. »Wenn sie mich holen kommen, laßt mich nicht wieder hin!«

»Wohin denn?« fragte Nannie. »Wer kann kommen und dich hier wegholen?« Sie rieb ihn mit einem warmen Tuch trocken.

»Die vom HEIM! Schickt mich nicht wieder hin, bitte!«

Das war es also – das Waisenhaus! Sie kannte es vom Sehen. Wenn man ins Städtchen ging, sah man die Kinder im Hof beim Spielen, oder wie sie spazierengingen, eine lange Reihe, behütet von Mädchen mit mürrischen Gesichtern.

»Du bist also ausgerissen?« – Den ganzen weiten Weg, und im Schnee! Er war so klein. Wie alt mochte er sein? Sie schätzte ihn auf sechs oder sieben Jahre. »Und warum bist du hierhergekommen?«

Schlaftrunken legte er den Kopf auf ihre Schulter, während sie ihn auf dem Schoß hielt und seine Füße trocknete.

»Eine alte Frau hat's mir gesagt ... Sie hat mich manchmal besucht. Sie hat mir Geld gegeben und gesagt, ich soll mit dem Bus fahren und dann zum weißen Haus auf dem Berg gehen. Sie hat gesagt, ihr würdet mich nicht wegschicken!«

»Mußt nicht bange sein«, sagte Nannie. Dann sah sie ihn richtig an, und eine Ahnung stieg in ihr auf. Oh, die listige weise Frau, dachte sie. So war das also gewesen? Jetzt erkannte sie auch den Ausdruck, die schmale Stirn, die grauen Augen. Nach all den Jahren! Vielleicht war er ein Himmelsgeschenk – da Ruth sich doch so um den einen grämte? Vielleicht war das Würmchen hier alles, was von ihm übriggeblieben war auf dieser Welt? Und die Enkelin in Kanada – vor zwei Jahren gestorben – und das Alter des Kleinen: es stimmte alles!

»Das will ich aber herausbringen!« murmelte Nannie grimmig vor sich hin. »Und Ruth braucht's nicht zu wissen.«

Ruth saß allein am Feuer, als Nannie ins Zimmer kam und ihr das warm eingehüllte Kind in den Schoß legte.

»Sieh mal an, was dir das Christkind gebracht hat!« sagte sie. »Sieht ganz so aus, als ob's der wäre, von dem die weise Frau gesprochen hat.«

Carson McCullers
Weihnachtszauber

An meinem fünften Weihnachtsfest, als wir noch in der Stadt in dem alten Georgia-Haus wohnten, war ich gerade vom Scharlach genesen. An jenem Weihnachtstag überwand ich eine Rivalität, die – genau wie die Krankheit – mein kränkelndes Herz angegriffen und versehrt hatte. Diese Rivalität, die sich in Liebe verwandelte, stand im Schatten meiner Entdeckung, daß Santa Claus und Jesus nicht die Leute waren, für die ich sie gehalten hatte.

Der Scharlach kam zuerst. Im November wurden mein Bruder Budge und ich im Hofzimmer isoliert; wir schleppten uns sechs Wochen lang so hin, versehen mit Thermometern, Süppchen, Alkoholabreibungen und Rosa Henderson. Rosa war die Pflegerin, die für uns sorgte, weil Mutter mich wegen meiner verhaßten Rivalin, dem neuen Schwesterchen, verlassen hatte. Mutter pflegte die Tür halb zu öffnen und, ehe sie die Tür wieder schloß, Rosa die Geschenke zu reichen und ein paar Worte zu rufen. Das neue Baby brachte sie nicht mit, und darüber war ich froh. Es kamen viele Geschenke, und Rosa legte sie alle in eine große Seifenkiste, die zwischen den Betten stand. Spiele und Plastilin, Tuschkästen und Scheren zum Ausschneiden und mechanische Spielsachen waren dabei.

Budge war viel jünger als ich. Er war zu klein, um richtig zu zählen, um Parcheesie zu spielen oder sich abzuwischen. Er konnte nur eingedellte Kugeln modellieren und leichte, große Sachen ausschneiden, wie die Zeitschriftenbilder von Santa Claus, und weil es so schwierig für ihn war, hatte er immer die Zunge im Mundwinkel. Ich schnitt die schweren Sachen und die Papierpuppen aus. Wenn er Harmonika spielte, quietschte es erbärmlich. Ich konnte Dixie und Weihnachtslieder spielen.

Wenn es dunkel wurde, las Rosa uns etwas vor. Sie las aus *Child Life* oder Märchenbüchern oder aus einer Zeitschrift: *Wahre Bekenntnisse.* Ihre sanfte, stammelnde Stimme stieg und fiel durch das stille Zimmer, während der Flammenschein golden und grau über die Wände zuckte. Um diese Stunde war nichts anderes da als das Wechselspiel ihrer Negerstimme und das Wechselspiel des Flammenscheins auf den Wänden. Ausgenommen, wenn mal das Baby weinte und mir zumute war, als fräße ein Wurm an mir; dann spielte ich Harmonika, um das Geräusch zu übertönen.

Es war im Spätherbst, als die Quarantäne begann, und durch das geschlossene Fenster konnten wir sehen, wie die Herbstblätter durch den blauen Himmel und Sonnenschein fielen. Wir sangen:

»Kommt, kleine Blätter, sagte der Wind,
kommt mit auf die Wiese und spielt geschwind!«

Eines Morgens hatte dann plötzlich der Rauhreif das Gras und die Dächer versilbert. Rosa sagte, daß es bis Weihnachten nicht mehr lange hin sei.

»Wie lange?«

»Ungefähr so lange wie die Zelluloid-Kette, glaub ich.« Gegen Ende der Quarantäne hatten wir aus vielen bunten Farben eine Zelluloid-Kette gemacht. Ich grübelte über die Antwort nach, und Budge dachte auch nach und steckte die Zunge in den Mundwinkel. Rosa fuhr fort:

»Weihnachten ist am fünfundzwanzigsten Dezember – ich will gleich mal die Tage zählen. Wenn ihr hinhorcht, könnt ihr die Rentiere hören, wie sie vom Nordpol angaloppiert kommen. Es dauert nicht mehr lange.«

»Können wir dann aus dem dummen Zimmer raus?«

»Das hoff ich bei Gott!«

Ein schrecklicher Gedanke überfiel mich. »Gibt's auch Leute, die zu Weihnachten krank sind?«

»Ja, Baby.«

Rosa saß vor dem Feuer und machte uns Toast zum Abendbrot: sie drehte ihn achtsam auf einer langen Toastgabel. Ihre Stimme klang wie Papier, das man durchreißt, als sie sagte: »Mein kleiner Sohn ist am Weihnachtstag gestorben.«

»Gestorben? Sherman ist gestorben?«

»Du weißt, daß es nicht Sherman ist«, sagte sie streng. »Sherman kommt doch jeden Tag her.« Sherman war ein großer Junge, und nach der Schule stand er vor unserm Fenster, und Rosa schob es in die Höhe und sprach lange mit ihm, und manchmal gab sie ihm einen Zehner für den Laden. Die ganze Zeit, die Sherman vor dem Fenster stand, hielt er sich die Nase zu, so daß er beim Sprechen näselte wie eine Ukulele-Saite. »Es war Shermans kleiner Bruder – ist schon lange her.«

»Hatte er auch Scharlach?«

»Nein. Am Weihnachtsmorgen ist er verbrannt. Er war noch ein Baby, und Sherman hatte ihn vor den Kamin gesetzt, um mit ihm zu spielen. Dann hat Sherman ihn vergessen, wie's Kinder tun, und hat ihn allein vor dem Kamin gelassen. Das Feuer hat gesprüht, und ein Funken fiel auf sein Nachthemdchen, und bis ich's merkte, war mein Baby ... Davon hab ich die krause weiße Narbe hier auf meinem Hals.«

»War dein Baby wie unser neues Baby?«

»'s war ungefähr ebenso alt.«

Ich dachte lange darüber nach, und dann fragte ich: »War Sherman froh?«

»Was du für Gedanken in deinem Kopf hast, Sister!«

»Ich kann Babies nicht leiden«, sagte ich.

»Später wirst du das Baby gern haben. Genauso, wie du jetzt deinen Bruder lieb hast.«

»Bonny riecht schlecht«, sagte ich.

»Fast jedes Kind kann das neue Baby nicht leiden, bis es sich dran gewöhnt hat.«

»Ist *jedes* und *je* das gleiche?« fragte ich.

Es war die Zeit, in der wir uns schälten. Jeden Tag zogen Budge und ich lange Streifen und Fetzen Haut ab und bewahrten sie in einer Pillenschachtel auf.

»Ich möchte mal wissen, was wir mit all der Haut machen, die wir hier aufbewahren?«

»Das kannst du dir überlegen, wenn's nötig ist, Sister. Mußt es jetzt genießen – solange du kannst.«

»Ich möchte mal wissen, was wir mit der langen Kette anfangen sollen, die wir gemacht haben?« Ich blickte auf die Kette, die aufgehäuft in der Kiste zwischen unsern Betten lag. Sie verdeckte alle andern Spielsachen, die Puppen und das Spielzeug und alles.

Die Quarantäne endete, und in die Freude über unsre neu gewonnene Freiheit mischte sich der jähe, unbeschreibliche Kummer: all unsre Spielsachen mußten verbrannt werden. Jedes Spielzeug, die Kette, sogar die abgeschälte Haut – was wir als den schrecklichsten Verlust empfanden.

»Es ist wegen der Krankheitskeime«, sagte Rosa. »Alles wird verbrannt, und die Betten und Matratzen kommen zu dem Bazillen-Mann, der sie desinfiziert. Und das Zimmer wird mit Lysol gescheuert.«

Nachdem der Bazillen-Mann weg war, stand ich auf der Schwelle des Zimmers. Keine Spur von den Spielsachen, keine Betten, keine Möbel. Das Zimmer war bitterkalt, der feuchte Fußboden roch scharf, die Fenster waren naß. Mit der sich schließenden Tür verschloß sich auch mein Herz.

Mutter hatte mir für die Weihnachtstage ein rotes Kleid genäht. Budge und ich durften durch alle Zimmer laufen und sogar aus dem Garten gehen. Aber ich war nicht glücklich. Auf Mutters Schoß saß ewig das Baby. Die Köchin Mary machte »Gusa-gusa-gaks«, und Daddy warf das Baby in die Luft.

An jenem Weihnachtsfest wurde ein schreckliches Lied gesungen:

»Häng Babys Strümpfchen auf,
vergiß es nur nicht,
sie hat noch keine Weihnacht erlebt,
unser süßer kleiner Wicht!«

Ich verabscheute die winselnde Melodie und die Worte so sehr, daß ich mir die Finger in die Ohren steckte und *Dixie* sang, bis von Santas Rentier und dem Nordpol und dem Weihnachtsfestzauber die Rede war.

Drei Tage vor Weihnachten kollidierte die Wirklichkeit so heftig mit dem Weihnachtszauber, daß meine Vorstellungswelt jählings erschüttert war. Aus irgendeinem Grund, an den ich mich jetzt nicht erinnere, öffnete ich die Tür des Scharlachzimmers und blieb wie gebannt und zitternd auf der Schwelle stehen. Das Zimmer drehte sich vor meinen ungläubigen Augen. Nichts Bekanntes war darin, und statt dessen war das Zimmer mit allem angefüllt, was Budge und ich auf die Liste für Santa Claus geschrieben und die wir in den Kamin gehängt hatten.

Alles – und sogar noch mehr, so daß der Raum wie eine Santa-Claus-Abteilung in einem Warenhaus aussah. Ein Dreirad war da, eine Puppe, eine Eisenbahn mit Schienen und ein Kindertisch und vier Stühle. Ich zweifelte an der Wirklichkeit dessen, was ich sah, und blickte auf den bekannten Baum draußen vor dem Fenster und auf einen Riß in der Decke, der mir so vertraut war. Dann schlich ich mit den leichten, verstohlenen Schritten eines Kindes umher, das herumschnüffelt. Vorsichtig tippte ich mit dem Zeigefinger auf den Tisch und die Spielsachen. Man konnte sie berühren, sie waren wirklich. Dann sah ich etwas Wunderschönes, das wir uns nicht gewünscht hatten: einen grünen Affen mit einem Drehorgel-Mann. Der Affe trug einen scharlachroten Frack und sah mit seinem ängstlichen Affengesicht und den traurigen Augen sehr echt aus. Ich liebte ihn sofort, wagte aber nicht, ihn anzufassen. Ich schaute mich ein letztesmal im Santa-Claus-Zimmer um. In meinem Herzen entstand eine Stille, eine Stockung, die auf den Schock der Erkenntnis folgt. Ich schloß die Tür und ging langsam weg, niedergedrückt von zuviel Wissen.

Mutter saß im Vorderzimmer und strickte, und das Baby war in seinem Ställchen.

Ich holte tief Atem und fragte mit überlegener Stimme: »Warum sind die Santa-Claus-Sachen im Hofzimmer?«

Mutter hatte die unsichere Miene von jemandem, der einem etwas vormacht. »Oh, Santa Claus hat deinen Vater gefragt, ob er ein paar Sachen im Hofzimmer unterstellen könnte.«

Ich glaubte es ihr nicht und sagte: »Ich weiß schon, die Eltern sind Santa Claus!«

»Aber Sister! Darling!«

»Ich habe mich schon über den Kamin gewundert.

Butch hat nämlich keinen Kamin, doch Santa Claus kommt immer zu ihm.«

»Manchmal geht er auch durch die Tür!«

Zum erstenmal merkte ich, daß meine Mutter mir etwas weismachen wollte, und ich überlegte. »Ist das mit Jesus wahr? Santa Claus und Jesus sind verwandt, das weiß ich!«

Mutter ließ ihr Strickzeug sinken. »Santa Claus ist für die Spielsachen und die Läden, und Jesus ist für die Kirche.«

Als sie die Kirche erwähnte, dachte ich an Langeweile, an bunte Fenster, Orgelmusik und Unrast. Ich haßte die Kirche und auch Jesus, wenn die Kirche das gleiche wie Jesus war. Ich liebte bloß Santa Claus, und er war nicht wirklich.

Mutter versuchte es noch einmal. »Jesus ist das heilige kleine Baby – ein Baby wie Bonny. Jesus ist das Christkind.«

Das war das allerschlimmste. Ich hockte mich auf den Fußboden und schrie dem Baby ins Gesicht. »Die Eltern sind Santa Claus. Jesus ist …«

Das Baby begann zu weinen, und Mutter nahm es auf den Schoß und liebkoste es. »Benimm dich jetzt, Sister! Du bringst Bonny zum Weinen!«

»Ich hasse das dumme alte Bonny!« jammerte ich und ging auf den Flur hinaus, um dort zu weinen.

Am Weihnachtstag geschah zweierlei. Ich spielte mit dem Affen unter dem Weihnachtsbaum und half Budge, die Schienen für seine Eisenbahn auszulegen. Das Baby hatte Baukastenwürfel und eine Gummipuppe. Es weinte und spielte nicht, Budge und ich aßen eine ganze Schicht ›Schatzinsel-Schokolade‹ und am Nachmittag waren uns Spiel und Schokolade verleidet.

Später saß ich allein auf dem Fußboden im Weihnachtszimmer – allein bis auf das Baby in seinem Ställchen. Der Baum funkelte durch den Winterabend. Plötzlich fielen mir Rosa Henderson und das Baby ein, das am Weihnachtstag verbrannt war. Ich blickte auf Bonny und sah mich im Zimmer um. Mutter und Daddy waren ausgegangen, um meinen Onkel Willy zu besuchen, und Mary war in der Küche. Ich war allein. Vorsichtig hob ich das Baby auf und setzte es vor den Kamin. Bei dem unscharfen Denken meiner fünf Jahre merkte ich nicht, daß ich etwas Unrechtes tat. Ich fragte mich, ob das Feuer sprühen würde, und ging traurig und unglücklich zu meinem Bruder ins Hofzimmer.

Es war in unserer Familie Brauch, am Weihnachtsabend Feuerwerk abzubrennen. Nach Anbruch der Dunkelheit machte Daddy im Hof ein Feuer, und darin ließen wir Leuchtkugeln und Raketen aufsteigen. Jetzt fiel mir das ein. Die Schachtel mit dem Feuerwerk lag im Hofzimmer auf dem Kaminsims, und ich machte sie auf und suchte mir zwei Raketen aus. Ich fragte Budge: »Wollen wir was Lustiges tun?« Ich wußte genau, daß es unrecht war. Aber ich wollte unartig sein, weil ich so wütend und traurig war. Ich hielt die Raketen ans Feuer und gab Budge die eine. »Jetzt paß auf!« sagte ich.

Ich glaubte, daß ich mich an Feuerwerk erinnern könne, aber so etwas wie das hier hatte ich noch nie gesehen. Nachdem die Raketen gezischt und gespuckt hatten, schossen sie in gelben und roten Bahnen wie wild durchs Zimmer. Wir standen vor zwei gegenüberliegenden Wänden, und das flammende Feuerwerk prallte in prachtvollen, erschreckenden Bögen von Wand zu Wand. Es dauerte lange, und wir standen wie gelähmt in dem strahlenden, fürchterlichen Zimmer. Als es endlich vorbei war, waren auch meine Haßgefühle verschwunden. Ich stand in dem jetzt sehr stillen Zimmer und rührte mich nicht.

Dann glaubte ich, das Baby weinen zu hören, aber während ich ins Wohnzimmer lief, wußte ich: sie weinte nicht, noch war sie verbrannt und in den Kamin hinaufgezogen. Sie hatte sich umgedreht und kroch zum Weihnachtsbaum. Ihre Hände mit den kleinen Fingerchen waren auf dem Fußboden, und das Nachthemd war ihr über die Windeln hinaufgerutscht. Ich hatte Bonny noch nie kriechen sehen und schaute ihr mit den ersten Gefühlen von Liebe und Stolz zu: die alte Feindseligkeit war für immer fort.

Ich spielte mit Bonny, und mein Herz war frei von Eifersucht; zum erstenmal seit vielen Monaten war ich fröhlich. Ich hatte mich mit dem Gedanken ausgesöhnt, daß Santa Claus bloß ›Familie‹ war, und in dem neu gewonnenen Frieden fand ich, daß meine Familie und Jesus vielleicht irgendwie verwandt wären. Bald danach, als wir in ein neues Haus in der Vorstadt gezogen waren, lehrte ich Bonny laufen und gab ihr sogar den Affen zu halten, während ich den Drehorgel-Mann spielen ließ.

Kate Chopin
Madame Martels Weihnachtsabend

Madame Martel war allein im Haus. Selbst die Bedienten hatten sie unter dem einen oder andern Vorwand verlassen. Es war einerlei, alles egal.

Sie war eine grazile, blonde Frau und ganz in Trauer gekleidet. Als sie so dasaß, ins Kaminfeuer schaute, in der Hand einen alten Brief hielt, den sie wiedergelesen hatte, wurde ihr ohnehin schwermütiger Gesichtsausdruck durch unmittelbare, lebhafte Erinnerungsbilder noch zerquälter. Tränen stiegen ihr unaufhörlich in die Augen, und sie tupfte sie ohne Unterlaß mit einem schwarz eingefaßten batistenen Taschentuch ab. Von Zeit zu Zeit wandte sie sich dem Tisch neben ihr zu, zog unter einem Stapel Briefe eine alte Photographie hervor, betrachtete selbstvergessen mit verweinten Augen das Bild und drückte die Schluchzer hinunter, die sie mit dem auf dem Mund gepreßten, schwarz umrandeten Taschentuch zurückzuhalten suchte.

Der Raum, in dem sie sich aufhielt, wirkte mit dem offenen Kamin und der eleganten traditionellen Möblierung, die von Geschmack wie von Wohlbehagen und Wohlstand zeugte, freundlich. Über dem Kamin hing das Porträt eines sympathischen, gutaussehenden Mannes in der Blüte seiner Jahre.

Aber Madame Martel war allein. Nicht nur die Dienstboten, auch ihre Kinder waren fort. Anstatt die Festtage zu Hause zu verbringen, hatte Gustave die Einladung eines College-Freundes angenommen, über die Weihnachtstage nach Assumption zu fahren, denn er wußte, daß es seine Mutter zu dieser Zeit vorzog, allein zu bleiben, und respektierte diesen Wunsch.

Adélaïde, seine ältere Schwester, war wie üblich drüben an der Iberville Street, um mit der Familie von Onkel Achille zu feiern, bei der es jahraus, jahrein ausgelassen zuging. Und sogar die kleine Lulu war glücklich, einige Tage der beklemmenden Atmosphäre zu entrinnen, die mit jedem Advent bei ihnen zu Hause einkehrte.

Madame Martel gehörte zu jenen Frauen – keine Seltenheit unter den Kreolinnen –, die in ihrem Schmerz völlig aufgingen. Die meisten Leute fanden es seltsam ergreifend, daß sie seit dem Tod ihres Gatten vor sechs Jahren Trauer trug und bisher nicht die Absicht gehabt hatte, sie abzulegen.

Mehr als eine Frau hatte denn auch heimlich beschlossen, im Falle eines vergleichbar schmerzlichen Verlustes ihr eigenes Witwendasein ganz nach diesem Muster zu modeln. Und manch ein Mann war der Ansicht, dem Tod wäre halb der Stachel genommen, wenn er die Gewißheit in den Tod mitnehmen könnte, so getreulich, so unerschütterlich betrauert zu werden, wie Madame Martel ihren verstorbenen Gatten betrauerte.

Vor allem zur Weihnachtszeit überließ sie sich rückhaltlos ihren peinigenden Erinnerungen und gab sich einem geradezu trunkenen Schmerz hin. Denn ihr Gatte war von fröhlicher Wesensart gewesen – die Kinder schlugen ihm nach –, und oft hatte sie den Eindruck gehabt, ihm sei Weihnachten vor allem als Vorwand willkommen, nur seinen eigenen jungenhaften Übermut freien Lauf zu lassen. Tausend Bilder auferstanden vor ihrem geistigen Auge. Sie konnte wieder sein strahlendes Gesicht sehen, sein schallendes Lachen hören, wenn er sich in die Glückseligkeit der Kinder teilte am Weihnachtstag, der nach und nach seine Freuden offenbarte.

Im Zimmer war es jetzt schwül geworden, denn draußen war es keineswegs kalt – kaum kalt genug für das Feuer, das im Kamin prasselte. Madame Martel stand auf und schenkte sich ein Glas Wasser ein. Sie hatte einen ausgetrockneten Mund, und der Kopf begann zu schmerzen. Der Krug war schwer, und beim Eingießen zitterte ihre schmale Hand ein wenig. Sie ging im Schlafzimmer ein sauberes trockenes Taschentuch holen und erfrischte sich das erhitzte, gerötete Gesicht, indem sie es leicht mit *poudre de riz* betupfte.

Sie war tiefbewegt und benommen. Sie hatte in Gedanken so beharrlich bei ihrem Gatten verweilt, daß es ihr war, er müsse bei ihr im Haus sein. Es war ihr, als habe sich das Rad der Zeit rückwärts gedreht und ihr wiedergegeben, was ihr Rechtens zustand. Ginge sie jetzt ins Spielzimmer hinüber, sie würde den in Kerzenglanz erstrahlten Christbaum vorfinden, gerade wie an jener letzten Weihnacht, da er noch unter ihnen weilte. Ja, er würde dort sein und die kleine Lulu in den Armen halten. Sie konnte beinah ihre Stimmen und das Trippeln der Fußchen hören.

Nun schlug sich Madame Martel, auf der die Erinnerungen zum Ersticken schwer lasteten, einen leichten Schal um die Schultern und trat auf die Galerie hinaus, wobei sie die Balkontür halb offen ließ. Fahles Mondlicht, das eher einem geheimnisvollen Schleier glich, hüllte die Landschaft ein. Durch den wildwuchernden üppigen Garten hindurch konnte sie die Lichter der nahen Stadt sehen. Von irgendwoher erreichten sie Fetzen von Musik, gelegentlich ein freudiges Jauchzen, Lachsalven; jemand blies unweit hingegeben auf einem Horn.

Langsam und mit gleichförmigen Schritten ging sie auf und ab. Am Ende der Galerie, gegen Süden hin, wo an überhängenden Ranken Rosen blühten, die der Frost bis anhin verschont hatte, hielt sie inne, blieb stehen und schaute in die dunklen Tiefen der Nacht, die ihr als ein Abbild ihres eigenen Daseins vorkam. Ihr tiefer Gram von ehedem war gewichen, aber ein Gefühl unendlicher Einsamkeit hatte sich auf ihre Seele herabgesenkt.

Ihr Gatte war für immer von ihr gegangen, und jetzt schienen gar die Kinder wegen mangelnder Zuwendung ihr allmählich zu entgleiten. Vielleicht lag das in der Natur der Dinge; sie vermochte es nicht zu sagen; es war kaum zu ertragen, und plötzlich begann ihr Herz wild zu schlagen und nach der Gesellschaft eines Menschen zu dürsten – danach zu verlangen, Liebe zu schenken.

Lulu war nicht weit, am andern Ende der Stadt, etwa eine Meile entfernt. Sie war bei alten Freunden ihrer Mutter in einem großen gastlichen Haus voller Kinder und voller Überraschungen für die Festtage.

Als sie sich vergegenwärtigte, wie leicht erreichbar Lulu war, überkam Madame Martel der Wunsch, ihre Tochter zu sehen, die Jüngste wieder bei sich zu haben. Sie wollte sich selber unverzüglich auf den Weg machen und Lulu zurückholen und fragte sich, wie in aller Welt sie es dem Kindl hatte erlauben können, sie zu verlassen.

Diesem innern Antrieb augenblicklich folgend, stürzte Madame Martel die Treppe hinunter und durch die von großen Magnolien gesäumte Gartenallee hinaus auf die Straße. Sie hatte eine gute Strecke auf einem verlassenen Weg zurückzulegen, doch ängstigte sie sich nicht; meilenweit im Umkreis kannte sie jede Seele und fürchtete nicht, belästigt zu werden.

Der Mond schien jetzt heller. Der leichte Nebel hatte

sich verzogen, und sie konnte alles rundum klar erkennen: dort, wenige Meter weiter vorn, der mit Brettern belegte Weg; hier das keilförmige Baumwollfeld, an dem sie vorbeimußte und auf dem noch die mageren, dürren Stauden mit vereinzelten zerrupften Baumwollbauschen standen; dahinter, eine Meile entfernt, fuhr ein Zug den Waldrand entlang. Sie konnte ihn nicht hören, wohl aber die schnell vorübergleitende Linie von Lichtern vor dem Hintergrund des dunklen Waldes sehen.

Madame Martel hatte sich jetzt den schwarzen Schal über den Kopf gezogen und glich einer zierlichen Nonne, die in der mondhellen Nacht daherschritt. Einige verspätete Reisende unterwegs zum Bahnhof traten zur Seite, und das Witzeln und Lachen verstummte, als sie an ihnen vorüberging. Man respektierte sie als eine Art geheimnisvolles Wesen; als etwas Unerklärliches, das sehr ernst zu nehmen war.

Der alte Wisdom machte einen tiefen Bückling, als er von den Planken einen Schritt hinuntertrat, um ihr den Vortritt zu gewähren. Er hatte seine Frau bei sich und zog sein Großkind Tildy hinter sich her, das willig Hand in Hand mit ihm ging. Sie waren auf dem Weg zum Bahnhof, um Tildys Mama abzuholen, die heraufgekommen war, um mit ihnen in der Hütte drüben am Rande des Bayou Weihnachten zu feiern.

Durch die offene Haustür eines ärmlichen Hauses hörte sie jemand auf der Geige kratzen und Leute tanzen. Die Musik verletzte ihr feines, musikalisches Ohr, und sie beschleunigte ihren Schritt. Ein Gefährt mit einer ganzen Gesellschaft bog zu einer Mondscheinfahrt in die Landstraße ein. In der Stadt selbst herrschte noch recht viel Betrieb: man begrüßte und verabschiedete sich unter Türen, auf Treppen und Balkonen. Die Luft schien von freudiger Aufregung erfüllt.

Als Madame Martel das große Haus am andern Ende der Stadt erreichte, ging sie geradewegs auf die Tür zu und trat nach einem sachten Anklopfen, das beim lebhaften Stimmengewirr im Innern unmöglich vernommen werden konnte, ein.

Da stand sie nun auf der Schwelle zur geräumigen Eingangshalle, die zum Bersten voll war. Laternen hingen von den mächtigen Deckenbalken herab, die getünchten Wände waren mit Zedernzweigen und Misteln geschmückt. Jemand spielte auf dem Klavier eine beschwingte Melodie, der niemand weiter Beachtung schenkte außer zwei Klosterschülerinnen, die in einer Ecke zusammen Walzer tanzten und damit ihre liebe Mühe hatten. Ältere Damen und Herren schienen alle gleichzeitig zu reden. Eine junge Mutter, die sich das Fest nicht entgehen lassen wollte, versuchte bei dem Lärm vergeblich, ihren Säugling in den Schlaf zu wiegen. Einige Negerjungen lehnten gegen die Wand; ein jeder hielt fest eine Orange in der Hand, die ihm geschenkt worden war. Am deutlichsten aber konnte man die schwatzenden und lachenden Kinder heraushören, und als Madame Martel unter der Tür aufgetaucht war, ließ Lulu mit glühenden Wangen und glänzenden Augen in der Mitte des Raumes eben einen Teller zwirbeln.

»*Tiens!* Madame Martel!«

Mit dem Ausruf: »*Tiens! Un revenant* – ein Geist aus dem Jenseits!« wäre bei den Gästen keine augenblicklich ernüchterndere Wirkung zu erzielen gewesen. Das Klavierspiel erstarb, die Klosterschülerinnen hörten zu tanzen auf, die Erwachsenen verstummten, und den jungen Leuten verging das Lachen; nur den Teller mitten auf dem Fußboden schien es nicht zu berühren, und er fuhr fort zu kreiseln.

Doch die Verblüffung, der Schreck war nur von kurzer Dauer. Schon überfiel man Madame Martel überschwenglich mit Willkommensgrüßen, und ein jeder bestürmte sie: sie solle den Schal ablegen, solle sich setzen und den Säugling angucken, eine kleine Erfrischung zu sich nehmen.

»Nein, nein«, sagte sie in einem leicht mißbilligenden Ton. Sie bitte um Verzeihung ... sie sei nur gekommen um ... wegen Lulu. Das Kind habe am Morgen vor der Abreise etwas gekränkelt. Sie habe gedacht, es wäre vernünftiger, Lulu zurückzuholen, und hoffe, sie werde sich nicht sträuben.

Ein wahrer Proteststurm brach los! Und Lulu: ein Bild der Verzweiflung. Das Kind war zu seiner Mutter gelaufen und hatte sich bettelnd an sie gehängt, als gelte es, das Leben zu erflehen.

»Natürlich erlaubt dir deine Mama zu bleiben, jetzt, da sie mit eigenen Augen sehen kann, daß du wohlauf bist und dich amüsierst«, versicherte ihr eine vertrauenerweckende korpulente alte Dame mit einem Talent, brenzlige Situationen zu retten. »Deine Mama kann unmöglich so egoistisch sein.«

»Egoistisch!« Daran hatte sie nun wirklich nicht gedacht: lieber wollte sie auch unermeßliches Leid ertragen, als auf Kosten anderer ihre selbstsüchtigen Wünsche durchsetzen.

Sicher, Lulu dürfe bleiben, wenn sie wolle; und sie drückte ihr Kind zum Abschied innig an sich. Aber sie selber ließ sich keine Minute länger aufhalten und lehnte es ab, nach Hause begleitet zu werden. Sie ging, wie sie gekommen war – allein. Kaum hatte Madame Martel der Gesellschaft den Rücken gekehrt, hörte sie, daß die Stimmung wieder aufkam. Das Klavier begann alsbald zu klimpern, und der Lärm erhob sich von neuem.

Der einfache und an sich natürliche Entscheid des Kindes, bei seinen Spielgefährten bleiben zu wollen, gewann auf dem Heimweg in Madame Martels Augen irgendwie einen tragischen Aspekt. Es war nicht so sehr die Tatsache an sich, als die Bedeutung, welche dieser Tatsache zukam. Sie glaubte, die Liebe aus ihrem Leben verbannt zu haben, und wiederholte unaufhörlich vor sich hin: »Ich habe die Liebe verbannt, ich habe sie verbannt.« Und zugleich wähnte sie sich von ihrem geliebten toten Gatten dafür gerügt, daß sie nicht ausschließlich im liebevollen Andenken an ihn Trost suchte und Erleichterung erhoffte.

Es drängte sie jetzt heim zu ihren zerlesenen Briefen, zu ihren Gedanken und Tränen. Wie er, und nur er, sie in ihrem Wesen ganz verstanden hatte; es war ihr, als verstehe er sie in diesem Augenblick, als sei er hier und jetzt bei ihr, da sie durch die Nacht lief, zurück in ihr verlassenes Haus.

Madame Martel hatte, bevor sie ausging, im Salon, wo sie sinnend über ihren alten Briefen gesessen hatte, die Flamme der Tischlampe heruntergeschraubt. Jetzt, da sie die Stufen zum Haus hochstieg, schien ihr der Raum heller als nur von der sterbenden Glut im Kamin beleuchtet zu sein, und sie warf beim Fenster, das auf die Galerie ging, einen Blick hinein.

Sie stieß keinen Schrei aus bei dem, was sie sah. Ein Schreck durchfuhr sie; ihr ganzer Körper verkrampfte sich, und sie tastete blindlings beim Fensterpfosten nach einem Halt. Sie sah, daß die Flamme unter dem Lampenschirm höher gestellt und die Glut zwischen den Feuerböcken zu einem schwach glimmenden Haufen zusammengesunken war. Und dort, vor dem Kamin, in ihrem eigenen Fauteuil saß ihr Gatte. Wie sie ihn wiedererkannte!

Sein Gesicht konnte sie nicht sehen, aber das eine Bein streckte er zum Feuer hin, den Kopf hielt er leicht geneigt und betrachtete reglos irgendeinen Gegenstand in seiner Hand.

Sie schloß die Augen; sie wußte, wenn sie sie wieder öffnete, würde das Traumbild verschwunden sein. Jede Geschichte, die sie je über optische Täuschung gehört hatte, schoß ihr durch den Kopf; alle Tricks, mit denen ein überreiztes Hirn den Menschen zu narren geneigt ist.

Sie wußte, daß sie mit den Nerven am Ende, aus dem Gleichgewicht gewesen und dies nun die Rache ihrer Sinne war: *sie* brachten ihr diese Vision ihres Gatten. Wie vertraut war ihr seine Kopfhaltung, die Stellung des Armes, die Schulter. Und wenn sie die Augen öffnete, würde er nicht mehr da sein, der Sessel würde wieder leer dastehen. Sie drückte die Hände fest auf die Augen – und sah wieder hin.

Der Sessel war nicht leer! Er saß noch dort, hatte das Gesicht nun ganz von ihr abgewendet und auf den Tisch gerichtet, und eine Hand ruhte auf dem Bündel Briefe. Welch vielsagende Geste!

Madame Martel sammelte sich, riß sich zusammen: »Ich werde verrückt«, stammelte sie heiser, »ich sehe Geister.«

Es fiel ihr nicht ein, um Hilfe zu schreien. Hilfe? Wozu? Sie wußte, daß die Hausangestellten ausgegangen waren, und selbst wenn sie dagewesen wären, hätte sie es nicht gewagt, sich in ihrer, wie sie glaubte, krankhaften Gemütsverfassung einem Unwissenden, Uneinfühlsamen anzuvertrauen.

»Ich gehe jetzt hinein«, beschloß sie, lege meine Hand auf ... die Schulter; und es wird vorübergehen, der Wahn wird vorbei sein.«

In ihrer Phantasie durchlebte sie im voraus mit jeder Faser, wie sie ihre Hand auf ein sichtbares, unkörperliches Etwas legte, das dahinschmelzen, sich wie Rauch vor ihren Augen verflüchtigen würde. Ein Schauer durchrieselte sie von Kopf bis Fuß.

Als sie lautlos als dunkle Gestalt in das Zimmer glitt, glich Madame Martel mit ihrem luftigen, feinen Haar, ihren weit aufgerissenen, angsterfüllten blauen Augen weit mehr einem Spuk als die lebensvolle Person in ihrem Fauteuil vor dem Kamin.

Sie kam nicht dazu, ihre Hand auf die Schulter des gespenstischen Besuchers zu legen. Bevor sie beim Sessel angelangt war, hatte er sich umgedreht. Sie taumelte; er sprang auf und schloß sie in die Arme.

»Mutter, Mutter! Was ist? Wird dir übel?« Er küßte sie aufs Haar, auf die Stirn und schloß die Augen.

»Warte, Gustave, gleich wird mir wieder besser.« Sie war totenbleich vor Schreck. Er führte sie zur Liege, holte ein Glas Wasser und setzte sich zu ihr.

»Ich Idiot!« rief er. »Ich wollte dich überraschen und hätte dich damit beinah in eine Ohnmacht gestürzt.« Sie sah ihn voller Zärtlichkeit an, aber aus irgendeinem Gefühl heraus erzählte sie ihm den wahren Grund ihrer Benommenheit nicht.

Wie freute sie sich, ihn zu sehen – ihren großen Sohn von neunzehn Jahren. Wie sehr er seinem Vater in diesem Alter glich! Zu der Zeit, als die Photographie von ihm gemacht wurde; jenes Bild, über dem sie geweint hatte und das Gustave anschaute, als sie ihn im Salon sitzen sah.

»Bist du mit dem Abendzug gekommen, Gustave?« fragte sie ihn gelassen.

»Ja, erst vor kurzem. Ich fand – ach, ich hatte genug von Assumption – noch vom letzten Jahr her. Und es gibt im Grunde nichts Schöneres, als Weihnachten zu Hause zu verbringen.«

»Du hast gefühlt, daß ich dich herbeisehnte, Gustave. Gestehe es, du hast es gefühlt.« Madame Martel hätte gern etwas Telepathie, Übersinnliches – kurz, Okkultistisches daran entdeckt.

»Nein. Es war reiner Egoismus, Mutter. Ich weiß, daß du diese Tage lieber allein verbringst«, sagte er in jenem Ton verhaltenen Respekts, den alle annahmen, wenn von Madame Martels Trauer die Rede war. »Ich bin gekommen, weil ich nicht anders konnte, weil ich es nicht aushielt, fort zu sein. Ich wollte dich sehen, bei dir sein, Mutter.«

»Gustave, du weißt, es wird hier zu Hause nicht lustig zugehen«, sagte sie und rückte näher zu ihm hin.

»Nun, wenn wir nicht lustig sein können, kann uns nichts daran hindern, froh zu sein, Mama.«

Und sie war sehr, sehr froh, als sie ihre Wange an seinen rauhen Jackenärmel schmiegte und seinen herzlichen festen Händedruck spürte.

Marieluise Fleißer
Als wir noch auf das Christkind warteten

Heute beim Stadttheater bin ich dem Christkind begegnet, sagte die gute Mutter in jenen Tagen, wo das Licht im Zimmer um vier Uhr angezündet werden mußte. Mama, wie sieht es denn aus? Die Mutter sagte, die Erwachsenen wissen, wie das Christkind aussieht, aber sie dürfen nicht darüber reden. Ich steckte meinen Kopf hinter den Fenstervorhang und hatte Herzweh, weil die Zeit so langsam verging. Dann trieb mich die Erwartung wieder heraus. Mama, hast du es denn nicht wenigstens kommen sehen? Man sieht das Christkind nicht kommen, sagte die Mutter fromm. Auf einmal steht es in den dunklen Straßen mit seinen bloßen Füßen, die den Boden nicht berühren. Wenn du einmal groß bist, wirst du es auch sehen. Ich dachte, wenn ich doch groß wäre.

Ich hatte meine bestimmten Vorstellungen von den Unsichtbaren, die ich an niemand verriet. Der liebe Gott war gelb wie eine Sonnenblume und ging mit einer Gießkanne spazieren und das Christkind war kein Kind – ein Kind war ich selbst – eher war es eine engelhafte feine Dame mit einem weißen Gesicht und einem weißen Gewand, das bis auf den Boden ging. Ja, da das Gaslicht das Weißeste war, was ich kannte, war es für mich so weiß wie ein Gaslicht. Das Christkind blendet so, daß es seine eigenen Augen nicht aufmachen kann, dachte ich.

Glaubst du an das Christkind? fragten wir einander in der Klasse. Es war die Frage, die die Böcke von den Schafen schied. Ich war lange bei denen, die den Glauben nicht hergeben wollten. Ich weiß noch, wie ich aus der kleinen Naturgeschichte alle zwölf Absätze »besondere Merkmale« von den einzelnen Klassen der Säugetiere zusammenfassend lernte, damit die Zeit bis zum heiligen Abend schneller verging. Ich war also damals in der vierten Vorklasse. Die Lehrerin war ganz gerührt, als ich ihr am anderen Morgen mein Wissen vortrug, und prophezeite mir, daß ich diese Übersicht über die Säugetiere mein Leben lang nicht vergessen würde. Ich schämte mich, weil hier meine Unruhe mit besonderem Fleiß verwechselt wurde.

Endlich kam die Zeit, wo ich bei den unmittelbaren Weihnachtsvorbereitungen mithelfen durfte. Dabei stiegen mir keine Zweifel auf. Das Christkind kann nicht alles allein machen, sagte die Mutter, denke nur an die vielen Familien. Ich war selig, daß meine Schwestern nichts merken durften und trieb sie an zum frühzeitigen Schlafengehen. Im Bett mußte ich furchtbar Schlaf haben und auf das eifrige Gewisper keine Antwort geben, bis die Köpfe nachdenklich und eingesponnen in den Kissen lagen. Wenn ich dann tief und gleichmäßig atmete, kam früher als sonst wie eine Suggestion der Schlaf in die Stube, und mein Herz fing zu zittern an. Ich legte mich sacht aus dem Bett auf den Boden und kroch unter dem Bett meiner jüngeren Schwester durch langsam zur Tür, die ich vorher nur angelehnt hatte. Ich erschrak über das kleine letzte Einschnappen der Klinke. Unten im Wohnzimmer saß schon meine Mutter über einem Korb Äpfel und einem Netz Nüsse. Meine Mutter hatte am Abend meistens Kopfweh und eine himmlische Geduld. Ich durfte mit einem Tuch die Äpfel klarreiben, bis sie rote Bäcklein zeigten. Jetzt sind sie so schön wie die Äpfel aus Seife, sagte ich in meinem Glück. Dann steckte ich die gedrehten, unten platten Christbaumdrähte in die Nüsse an ihrer einzigen verwundbaren Stelle, am Stielansatz, wo das schwarze Blattkeimchen besonders nach Nuß roch. Manchmal waren die Nüsse an dieser Stelle hohl und ich schob immer mehr Draht nach, bis er sich innen sperrte und festsaß. An diesem Draht wurde die Nuß in einem flachen Schüsselchen Bier herumgewirbelt. Vorsichtig wie einen Schmetterlingsflügel legte ich ein Blättchen Rauschgold in die Hand, drehte die angefeuchtete Nuß in das Blatt ein und tupfte die Fetzen mit Watte fest. Die fertigen Nüsse hängten wir die Wände einer Pappschachtel entlang, so daß sie sich nicht aneinander rieben.

Am Heiligen Abend gab es das Christkind zweimal, um sechs Uhr das »kleine« Christkind bei meiner Großmutter und um sieben Uhr das eigentliche und »große« in meinem Elternhaus. Wir sind nie in einer sogenannten guten Stube beschert worden, wie ich das bei Freundinnen häufig sah, in Zimmern, die immer kalt sind. Nein, der Tannenduft gehörte an Weihnachten zu unserem Wohnzimmer wie die Bratäpfel in der Röhre nach dem Schlittschuhlaufen.

Meine Mutter entfernte »die kleine Ware«, wie sie uns nannte, schon am frühen Morgen, damit das Zimmer gestöbert wurde. Den ganzen Tag hielten wir uns in der Großen Rosengasse bei meiner Großmutter auf. Nie wieder sind Tage so lang. Ich sah diese Stube später von Fremden bewohnt, da war es nicht mehr diese Stube, die lebte, weil ein ganzes Leben in ihr verbracht wurde. Die Großmutterstube nannten wir sie. Ständig hing es wie ein leiser warmer Ton zwischen den schattigen stillen Wänden. Irgendwo blinkte eine Goldleiste, und die alte Uhr tickte ruckweise dazwischen. Das geschweifte schwarze Lederkanapee in der Ecke glänzte friedlich mit den weißen Porzellanknöpfen trotz der beiden Ritterinnen, die in steifem Rahmen über ihm hingen, barbarisch-süßlichen Damen mit engen Taillen, die eine trug einen wallenden himmelblauen, die andere einen blutrünstigen Federbusch auf dem Hut. Ich studierte diese aufregenden Damen aus allen Entfernungen, während ich meinen Schemel aus einem Winkel der Stube in den anderen rückte. Zwischenhinein ging ich auf die Gasse und blickte zum Himmel auf, was der Mond machte. Noch stand er oben wie ein weißer Schemen, ohne zu leuchten.

Kinder warten vier Wochen lang auf den Heiligen Abend; am Tag selbst ist ihnen das Warten zu einer Manie geworden. Ich mochte nicht zeichnen, nicht bauen, nicht schreiben, nicht mit der Schere schneiden, nicht die Raubmorde aus den Zeitungen lesen – Raubmorde sind das erste, was Kinder an den Zeitungen interessiert –, ich konnte nichts essen außer zwei Mandarinen, die das Christkind über dem Haus abgeworfen hatte. Das Christkind ließ mir sagen, es werde nicht kommen, wenn ich nicht endlich Ruhe gebe; so nahe war es, ohne daß ich es fliegen sah! Ich lief an das kleine seitliche Fenster, durch das man bei dieser Bauart den Hausgang überblicken konnte; ungeduldig zupfte ich an dem weißen gefältelten Vorhang, der steif wie Oblaten war. Ich fuhr mit dem Finger die Einlegearbeiten der Biedermeierkommode entlang, klopfte an das lange schwarze Barometer. Ich stand vor der alten Uhr mit den Säulen aus Alabaster und den Spiegelwänden, in die ich hineinblickte wie in einen kleinen Spiegelsaal, als ob ein gutes Geistchen heraustreten müßte. Ich stieg sogar unters Dach hinauf, wo in einer Kammer ein junger Schreiner Feierabend machte. Er begoß seine bloßen Arme und Hände mit Spiritus, zündete ihn an und rieb und wusch sich mit den blauen Flammen.

In acht Tagen habe ich Hände so fein wie ein Schreiber, prophezeite er. Als es unten in der Stube schummerig wurde, kuschelte ich mich mit aufgezogenen Füßen in den großen runden Stuhl. Ein Auge ließ ich offen und sah damit nach dem Feuer, das hinter den Spalten des alten Ofentürchens auf und nieder glitt. Ich behauptete nachher, ich habe mit einem offenen Auge geschlafen wie die Hasen. Aber das Christkind war doch dicht neben dir, als es den Baum aufstellte, sagten mir die Großen. Ja, davon hatte ich nichts gesehen. Ich wachte erst auf, als meine Geschwister mit hoher Stimme sangen und die Kerzen brannten.

Der Christbaum der Großmutter war für mich der Christbaum zum Angewöhnen, das Bäumchen mit den dünnen, schief aufgesteckten Kerzen, das nicht ganz bis zur Decke reichte. Und es war gut so, sonst wäre es nachher nicht so schön geworden. Nach frommem Brauch zog die Großmutter die Vorhänge an den Fenstern auf, damit die, die in den Straßen herumliefen und keinen Baum bekamen, an dem Kerzenglanz teilnehmen konnten. Wie in einem Schaukasten standen wir alle da und sangen. Bei der ersten und zweiten Strophe schauten wir unentwegt in die zitternden Lichte, bei der dritten schielten wir nach dem Gabentisch. Ich begriff lange nicht, warum wir der Großmutter die Hand geben und danke schön sagen mußten, wenn das Christkind doch alles gebracht hatte. Dann holte uns das Mädchen ab, das Schneeflocken im Stirnhaar trug. Wir stapften durch den krachenden Schnee der Straßen, den neuen Schulranzen, der noch ganz leicht war, auf dem Rücken und steckten den Kopf tief in den Nacken. Heute können wir es noch fliegen sehen, sagten wir, morgen nicht mehr. Das Mädchen sagte, das Christkind fliegt doch hinter den Dächern. Aber wir ließen uns das Suchen nicht nehmen. Vielleicht, dachten wir glücklich, vielleicht – – –. Im Badezimmer wechselten wir die Schuhe; die Mutter kam mit einem heißen Gesicht und reiner Haut. Sie trug einen Faden Silberfall hinten am Rock, den sie damit erklärte, daß das Christkind über sie hinweggeflogen war. Es ist jetzt drinnen, sagte sie, seid nur alle artig. Es war so leicht, artig zu sein in dieser Minute, wo die Herzen klopften. Ein unsäglich feines Glöckchen läutete. Wie ein Rudel stürmten wir über den Gang nach der Tür, die sperrangelweit in rötlichen Glanz führte. Die Mutter machte schnell das offenstehende Fenster hinter dem Christbaum zu. Soeben ist das Christkind um die Ecke geflogen, sagte sie. Das silberne Glöckchen zitterte noch. Es hing in jedem Jahr an derselben Stelle. Überhaupt hingen die gleichen Sachen an den gleichen Zweigen wie immer; meine Mutter überlegte es sich jedes Jahr aufs neue und kam glücklich zu demselben Ergebnis; und doch war der Baum in jedem Jahr ein Wunder. Ich hatte später Gelegenheit, ihr zuzusehen; der Baum war mit Liebe aufgehängt, das war es, was ihn so lebendig machte. Die Äpfel mehr nach unten, sagte sie, damit sie die dickeren Zweige waagerecht ziehen, ich habe sonst nichts zum Beschweren. Die Schokoladenringe nach oben, damit mir die Kinder nicht stehlen lernen. Die Nüsse kommen an die Zweigspitzen, immer eine silberne und eine goldene abwechselnd. Die Eiszapfen an die dünnen Zweige der Spitze, unten werden sie mir nur zerbrochen. Den weißen Hirsch (aus Milchglas geblasen) nehmen wir wieder vorne in die Mitte, da macht er sich immer gut, nur nicht zu hoch, damit die Kinder ihn richtig springen sehen. So, nun werden die Lücken mit Silberfall verbunden. Zum Schluß stieg sie auf einen Stuhl, um eine riesenlange Perlenkette um den Baum zu wickeln. Jedes Jahr fand mein Vater die Kette barbarisch. Ein grüner Baum wird doch nicht geschnürt, sagte er, und überhaupt sind mir Bäume im natürlichen Grün am liebsten. Aber Mann, sagte sie, der Baum kommt doch aus dem Himmel, es muß etwas sein, was Menschen sich nicht ausdenken können. Am Heiligen Abend hatten die Kinder recht. Die Mutter wußte, was den Kindern gefiel und daß wir als erstes nach der Kette sahen. Sie fühlte sich reich, wenn unsere ersten aufsteigenden Zweifel am Christkind durch den Glanz wieder besiegt waren. Dieses Jahr konnte ich ihnen den Glauben noch retten, sagte sie dann. Wir gingen in die Schule und sagten, so was können doch Eltern nicht machen.

Der Vater trug bei der Bescherung eine vorsichtige Starrheit in den Zügen, als ob er sich nicht gerne versprechen möchte; die Mutter war es, von der die Wärme und das Wunder strömten, die mit den Engeln auf du und du stand; niemand konnte Stille Nacht singen wie sie mit zarter, etwas zerscherbter Stimme, in der Glaube, Liebe und Hoffnung zitterten. Die gute Mutter, sie sparte ein Jahr lang dafür, es war ihr Fest, und als Mutter nicht mehr lebte, war es kein Weihnachten mehr.

Tanja Dückers
Der Flamencospieler

Ich liege auf dem riesigen rosa bezogenen Bett in meinem in Rosa gehaltenen Zimmer, das ist so der Geschmack meiner amerikanischen Gastfamilie, und schreibe einen Brief an Tommy, der natürlich erst nach Weihnachten ankommen wird. Im Hintergrund läuft laut der Fernseher von Mary; irgendein jammender Billie bittet seine Freundin Trixie doch wieder zurückzukomnen und diesen Biff zu vergessen. Mary sieht sich sowas jeden Tag an. Aus dem Nachbarzimmer, in Pastellgelb gehalten, dringt der Fernseher von der Großmutter, die seit einem halben Jahr hier mitwohnt. Sie sieht immer Sendungen über Verbrechen und Live-Mitschnitte aus Gerichtshöfen. Sowas gibts in Deutschland gar nicht. Wenn ich die Ohren spitze, nehme ich noch ein dumpfes Brummen aus Steves Zimmer war: MTV. Und ich schreibe meinem Freund Tommy, daß sich einige Klischees über die U.S.A. doch erfüllen. Seit sechs Monaten lebe ich hier und gehe zur Schule, soll besser englisch lernen und »was von der Welt mitkriegen«, wie meine bildungssüchtigen Eltern meinten. Jetzt hocke ich in Forty-Fort, einem Kaff in Pennsylvania, mit Mary, Misslyn und Steve, die konsequent TV glotzen, mit ihren Autos herumheizen und sich gegenseitig bei McDonald's (»Burger King ist doch scheiße, da setzen wir keinen Fuß rein«) anöden. Misslyn ist schon ein bißchen älter, arbeitet als Stewardeß und ist logischerweise selten zuhause. Mary beneidet ihre ältere Schwester um ihre schlanke Linie und quält sich mit »Milkshake-«, »Peanut-« und »Pasta-Diäten«, die aber leider keinerlei Erfolg mit sich führen. Ansonsten interessiert Mary sich für Jungs, die einen »Porschie« oder einen »Mörciedis« fahren. Dann hupt sie wild, läßt ihre getönten Scheiben sanft hinuntergleiten und lächelt ihr Holy Mary-Lächeln.

Mit Steve habe ich mir nichts zu sagen. Ich glaube, er findet mich blöd, weil ich unblond und sarkastisch bin. »The German humor« nennt er das. Ich bin die erste Deutsche, die er in seinem achtzehnjährigen Leben kennengelernt hat, aber er meint das beurteilen zu können: »The American overestimation« nenne ich das. Über all diese Dinge und vieles mehr (»duck shoes«, »pledge of allegiance«, Tankstellen, die sich »Jesus« nennen und die »condom diet«) schreibe ich Tommy, Nina und Rike und, ja auch, meinen Eltern.

Im Winter wird es in Pennsylvania verdammt kalt. Man hatte mich schon vorgewarnt, trotzdem waren meine Berliner Wildlederstiefel bei einem Meter hohen Schnee nicht ganz das Richtige, und ich mußte mir die teuren duck shoes kaufen: eine Art Gummistiefel, olive-braun, vorne ganz breit, wie ein Entenschnabel, und innen rot gefüttert. Das knallrote Innenfutter ragt oben über die Gummierung hinaus. Die Schuhe sind, optisch gesehen, wirklich das Letzte. Aber im Winter vereint die Kälte alle, und auch Misslyn, die sich dreimal am Tag umzieht und bestimmt nur deshalb Stewardeß geworden ist, um ihren wahnsinnigen Kosmetikkonsum vor anderen Leuten endlich legitimieren zu können, stiefelt selbstzufrieden damit herum. Ich höre von unten einiges Fußgetrappel, das sind wohl die letzten Patienten, die gehen. Mein Gastvater ist Arzt, hat eine Privatpraxis, ein Privatflugzeug, ganz zu schweigen von dem obligatorischen Swimming Pool, in dem Mary noch vor drei Monaten jeden Morgen ihre Water Aerobics gemacht hat. Meine Gastmutter ist depressiv und Hausfrau, ihr Leben lang gewesen. Manchmal verläßt sie den ganzen Tag das Haus, ach, was sage ich, den Palast, nicht, und blickt sich selbst im Spiegel an. Dazu hört sie Pop-Versionen von Klassikstücken wie Carmina Burana und ähnlichem. Meinen Gastvater, Bobby, kriege ich wenig zu Gesicht, aber wenn, dann ist er immer sehr nett zu mir. Er ist so ein großer, rotwangiger temperamentvoller Typ, der alle gleich ins Herz schließt und so einen auf vertrauenswürdiger Arzt macht. Ganz so viel Vertrauen wie er glaubt, daß alle Welt zu ihm haben müßte, habe ich nicht zu ihm, aber er ist wenigstens nicht so anstrengend wie Lorraine, die Mutter, oder so sentimental-tückisch wie die Großmutter mit ihren ganzen Pflanzen und Porzellanfiguren im Zimmer und zersägten Leichen und elektrischen Stühlen im Kopf. Er ist oft in Geberstimmung und beschenkt seine Kinder und mich unmäßig. Letztens, obwohl Weihnachten vor der Tür steht, schenkte er mir – einfach so – eine Flamenco-Gitarre. Er hat mal in einem mexikanischen Krankenhaus gearbeitet, und seitdem steht er auf Flamenco-Musik, die seiner Meinung nach mexikanischer Herkunft ist. In Berlin habe ich mit Rike und Tommy ein bißchen Musik gemacht; die »Schöneberger Gipfel« nannten wir uns und klimperten unseren genervten Eltern und älteren Geschwistern die Ohren voll. Unsere »Auftritte« beschränkten sich auf Klassenfeten und gelegentliche Sets in der »Grotte«, unserem Jugendclub, wo unsere besorgten Eltern uns schichtweise jedes Wochenende mit ihren VW Bussen, alten Mercedessen und Volvos abholten und nach Hause brachten. Jedenfalls war ich ein bißchen traurig, daß ich hier in U.S.A. meine grandiose Karriere als Gitarristin nicht fortsetzen konnte, hatte das nur mal in einem Nebensatz erwähnt, und schon schenkte Dad, so wollte er auch von mir genannt werden, mir eine niegelnagelneue Gitarre. Flamenco ist allerdings nicht ganz so der Stil der »Schöneberger Gipfel« gewesen; wir produzierten eher so Neue Deutsche Welle-Zeugs, was gerade in war, sangen Lieder mit Titeln wie »Die Avus«, »Nachts an der Tankstelle«, »Am Lietzensee o weh« oder »Feuerzeuge«. Naja. Ich zupfte nun also, während ich über die Berliner Avus sang, an meiner Flamenco-Gitarre herum.

Heute ist der Vierundzwanzigste. Endlich mal einen Tag ohne Schule; eben bin ich in Wilkes Barre, der nächst größeren Stadt, letzte Einkäufe erledigen gewesen, dann habe ich frierend in dem rumpeligen Bus nach Forty Fort gesessen. Jetzt stehe ich in der Diele und versuche mit rotgefrorenen, steifen Fingern aus meinen unmöglichen duck shoes (Moonboots sind nichts dagegen) herauszukommen. Mir fällt auf, wie komisch die Amis doch sind, haben alle 'ne Fußbodenheizung, aber lassen die öffentlichen Verkehrsmittel lausekalt. Wahrscheinlich ist das deshalb so, weil jeder, der hier kein Auto fährt, sowieso als totaler Idiot gilt, für den man nicht noch Geld verschwenden muß.

Ich schlurfe hinunter in die Küche, setze mir einen Hibiscus-Tee zum Aufwärmen auf und schiebe etwas Chinese Food in die Mikrowelle. Dann mache ich es mir an dem ausklappbaren Tisch bequem, setze mich dicht an die Heizung, esse nach nichts schmeckende Sojabohnen und Glasnudeln, schlürfe meinen Tee. Über mir das beständige Brummen von Steves neuer CD. Schließlich gehe ich nach oben, die Kälte, minus dreißig Grad + ein verdammter Wind, ist mir so ins Mark gekrochen, daß ich immer noch ein bißchen friere. So ein inneres Frieren. Ich stapfe die mit rosa-weiß gemusterten Flokati belegte Treppe in den ersten Stock. Die erste Tür, zum Schlafzimmer der Gasteltern, steht offen, ich nicke kurz, will weitergehen.

»Hi, Jana! Howa you?« ruft Dad von innen. Wedelt mir mit einem TV-Magazin zu. »Well, okay, it's just very cold«, sage ich, lächele kurz.

»Well, come in and lay down«, sagt Dad und lächelt mich strahlend an. Ich blicke auf das riesige Ehebett in dem Schlafzimmer, Dad liegt an einem Ende und starrt in die Glotze. Keine Live-Sendung einer Herztransplantation, sondern irgendeine nette Südamerikanerin, die über ihr Land berichtet.

»You look really freezing', need a coffee, Jana?«

»Thanks, had a tea«, sage ich und stehe unschlüssig auf der Schwelle. Mary, seine Tochter, liegt auch manchmal bei ihm im Bett, sie essen und sehen gemeinsam fern, albern und knuddeln dabei herum. Mary nennt ihren Vater dann »Big pig« und er nennt sie »Little big pig« und zwickt ihr dabei in die gewaltigen Schenkel. »You really look freezin', just come in and lay down, there's a million blankets an' pillows here, just get comfortable ...«, meint Dad, während er weiter fernsieht, Pistazien knacken zwischen seinen Zähnen.

»Okay«, sage ich schließlich, um nicht unhöflich zu sein und weil ich der spontanen amerikanischen Freundlichkeit nicht mit der »typischen deutschen Kühle« begegnen will, obwohl ich mich zuhause nie zu meinem Vater ins Bett lege. Ich packe also ein Schulbuch aus meiner Tasche, in dem ich für den nächsten Test über American History etwas lesen will, und lege mich aufs Bett, auf die andere Kante. Dad legt seine große Pranke auf meine Schulter und sagt: »Sweetie, warm up, will ya.«

Die Südamerikanerin auf dem Bildschirm beißt herzhaft in irgendeine komische Südfrucht, der Saft hängt noch in ihren Mundwinkeln. Sie hat gelb-rot gestreifte Shorts an und sehr lange braune Beine. Sie hört nicht auf zu lächeln. Ich drehe mich auf die andere Seite, ziehe mir die eine Decke bis ans Kinn, muß einen Moment an die weiße Landschaft denken, die ich eben im Bus durchquert habe und wie grün und warm es hier noch im September war. Dann klappe ich mein Buch auf: die Eisenhower-Ära. Dad stellt jetzt den Ton ab und steht auf. Ich denke, er geht aufs Klo oder holt sich neues Knabberzeugs, aber er steht zwei Minuten später mit der Flamenco-Gitarre da, die er gerade aus meinem Zimmer geholt haben muß, und sieht mich mit schiefgelegtem Kopf und breitem Lächeln an: »Jana – something really melodical and romantic – for Christmas – just for you.«

Er setzt sich auf meine Seite an das Fußende des Betts, ich ziehe meine Füße ein bißchen ein in meinen Deckenkokon, und beginnt ein paar Akkorde zu spielen. Ich weiß nicht, ob er das ironisch meint, die hochgezogenen Augenbrauen und das ewige Grinsen, das Wiegen des Oberkörpers, ob er das Klischee vom amourösen Südländer kopieren will, um mich zum Lachen zu bringen ...? Ich betrachte ihn skeptisch, lächele nicht. Plötzlich bricht er abrupt ab. »The Dragon Show is on now, I never miss it.« Er legt die Gitarre auf die Decke über meinen Beinen und begibt sich wieder ins Bett, wechselt den Kanal, stellt den Ton an. Er scheint sehr konzentriert zuzuhören, sagt aber plötzlich, als ich schon wieder am Eisenhowern bin: »You know, later, I'm gonna play something really beautiful for you, something magic, Jana, I'm gonna show you something, Jana, yes ...«

Ich wundere mich, denke, daß nachher doch die Bescherung ist, und wir gar nicht mehr so lange hier liegen werden. Dann höre ich Schritte auf dem Flur. An ihrer langsamen, schlurfenden Abfolge erkenne ich Lorraine. Ich sehe, wie die Türklinke langsam heruntergedrückt wird, und habe seltsamerweise noch kurz den Impuls aufzustehen, bleibe aber dann doch liegen, und die Tür geht auf. Lorraine ist sehr blaß, ihre Augen sind tief umrandet; grau und glänzend blicken sie umher, blicken ihren Mann an, ihren dicken häßlichen Mann, dann mich, die Gitarre auf meinen Beinen, mein schwarzes lockiges Haar, die kräftige Hand ihres Mannes auf seinem Bauch. Sie trägt einen zitronenfarbenen Bademantel, der ihr bei ihrer Blässe und dem graublonden Haar nicht steht; ein rosa Handtuch ist um ihren Kopf gewickelt. Jetzt reckt sie ihren kleinen vogelartigen Kopf nach vorne: »What are you doing in here?«

Ihre Stimme ist rauh, bitter; sie starrt mich an. »I ... I'm reading something and warm up a little«, sage ich und sehe sie an, dann klappe ich mein Schulbuch zu und befreie mich aus dem Deckenberg.

Lorraine steht in der Tür wie ein Geist, mit ihren tiefliegenden, ungeschminkten Augen beobachtet sie jede einzelne Bewegung, die ich mache. Groß, aufrecht, mit einer Entschlossenheit, die ich in all den Monaten nie an ihr gesehen habe, steht sie in der Tür, füllt den halben Türrahmen aus. Als ich mein Buch in die Hand nehme, schüttelt sie leise den Kopf, und ich sehe, wie sich ihre dicken Hände ineinanderkrampfen. Ich gehe etwas unsicher auf die Tür zu, verstehe nicht, was so schlimm an all dem sein soll! Die glaubt doch nicht ernsthaft, daß ich mein fünfzehnjähriges Herz verloren hätte an ihren schmerbäuchigen alten Knacker ... bloß weil der Flamenco-Gitarre spielen kann? Was soll das Ganze? Sagten sie nicht am Anfang, »we'll treat you just like our own daughters«? Ein Schmerz durchzuckt mich, und ich spüre, wie Blut von meiner Nase auf meinen Wollpullover tropft und darin versickert, als hätte es es nie gegeben, Lorraine steht im Türrahmen und holt noch einmal aus. Diesmal ducke ich mich.

»Lorraine, Lorraine, please stop this, what's the matter with you honey, I just played some Flamenco-songs to our foreign musician!«

Lorraine beachtet ihren Mann nicht weiter. »You damn slut, you go back where you come from, you pack your things and leave my house tonite … tonite I said«, sagt sie zu mir, und ihre ungeschminkten, hautfarbenen Lippen beben.

»Lorrainie-baby, it's Christmas, let's not fight now …«, höre ich den Gastvater nölen. Lorraine steht vor mir, groß und aufrecht und müde in der Tür, und wiederholt: »You leave my house tonite … you leave my house tonite, you dirty german girl.«

Ich drücke mit einer Hand in ihren weichen, dicken Bauch, sie rülpst, und ich schiebe sie mühevoll zur Seite, sehe auf die Tablettenschachtel in der Tasche ihres Bademantels und haste den Flur entlang. Dann bin ich in meinem Zimmer, schließe ab, lege mich aufs Bett und bin völlig verwirrt.

Eine halbe Stunde vergeht, ohne daß ich noch von »Mom« oder »Dad« irgend etwas gehört hätte. Es ist jetzt halb sieben abends, Heiligabend, in Deutschland ist es jetzt schon halb eins nachts, meine Eltern und mein Bruder essen die letzten Marzipankugeln und Zimtsterne nach einer schönen Bescherung, dann schlafen sie wohlig. Ich wische mir mit einem Taschentuch das Blut ab.

Irgendwann muß ich aufs Klo. Ich traue mich gar nicht

richtig auf den Flur. Ich warte noch eine Weile, bis ich so dringend muß, daß ich doch meine Tür aufschließe. Ich sehe einen Zettel am Boden liegen. Es ist Lorraines krakelige, wackelige Handschrift. Sie teilt mir mit, daß Mrs. Kramer mich in einer Stunde abholen wird, bis dahin soll ich meine Sachen gepackt haben. Das dunkle Brot, das noch von mir im Kühlschrank läge, könne ich ruhig mitnehmen, das äße ja doch niemand. Das ist alles. Kein weiteres Wort. Ich muß an Mrs. Kramer denken, die kleine emsige Leiterin meiner Schüler-Austauschorganisation, mit der ich Trips nach Washington D.C. und New Orleans unternommen habe. Die wird sich auch gefreut haben, Heiligabend so einen Anruf zu bekommen. Die nimmt mich jetzt also mit. Aber wohin? Soll ich bei ihr und ihrer family weiterwohnen? Oder will sie eine neue Gastfamilie für mich suchen? Hier oder in einem anderen Staat? Delaware oder Hawaii? Oder soll ich zurück nach Berlin? Während ich nicht viel mehr über die Zukunft weiß, als daß ich Heiligabend mit den Kramers verbringen werde, packe ich einen Pullover nach dem anderen in meine Koffer. Die Geschenke für meine Gastfamilie, Parfüm für Mary, Ohrringe für Misslyn, eine CD für Steve, zwei Bildbände über Deutschland für »Mom and Dad« und Süßigkeiten für alle schiebe ich unter das große rosa Bett.

Quellennachweis

Dorothy Black, *»Die weise Frau«*, aus: Weihnacht in Schottland und England. Erzählungen. Ausgewählt und übersetzt von Elisabeth Schnack. © Verlags AG Die Arche, Zürich.

Carson McCullers, *»Weihnachtszauber«*, aus: Carson McCullers, Gesammelte Erzählungen. Aus dem Amerikanischen von Elisabeth Schnack.Copyright © 2004 Diogenes Verlag AG Zürich.

Kate Chopin, *»Madame Martels Weihnachtsabend«*, aus: Weihnachten. Prosa der Weltliteratur. Hrsg. von Bernhard Heinser. Aus dem Amerikanischen von Anne Marie Fröhlich, © Manesse Verlag, Zürich 1987.

Mary Higgins Clark, *»Der verlorene Engel«*, aus: Mary Higgins Clark, Doppelschatten. Aus dem Amerikanischen von Ingrid Scherf. © 1989 by Mary Higgins Clark. © der deutschen Ausgabe by Wilhelm Heyner Verlag, GmbH & Co KG, München.

Tanja Dückers, *»Der Flamencospieler«*, aus: Tanja Dückers, Brazil. Erzählungen. © Aufbau-Verlag GmbH, Berlin 2001.

Viviane Eisold, *»Weihnachtsmeerchen«*. Originalbeitrag. © Aufbau Taschenbuch Verlag 2000.

Marieluise Fleißer, »*Als wir noch auf das Christkind warteten*«, aus: Marieluise Fleißer, Gesammelte Werke. Vierter Band. Aus dem Nachlaß. Hrsg. von Günther Rühle in Zusammenarbeit mit Eva Pfister. © Suhrkamp Verlag, Frankfurt am Main 1989.

Emilie Fontane, »*Mein Herzensmann. Drei Briefe an Theodor Fontane*«, aus: Emilie und Theodor Fontane, Dichterfrauen sind immer so. Der Ehebriefwechsel 1844–1852. Hrsg. von Gotthard Erler unter Mitarbeit von Therese Erler. © Aufbau-Verlag GmbH, Berlin 1998. (Der Titel »Mein Herzensmann« stammt vom Herausgeber.)

Marlen Haushofer, »*Das Weihnachtsmahl der Untermieter*«, aus: Marlen Haushofer, Gesammelte Erzählungen. Bd. 1 Begegnungen mit dem Fremden. © 1985 Claassen Verlag in der Ullstein Buchverlag GmbH, Berlin.

Patricia Highsmith, »*Eine Uhr tickt zu Weihnachten*«, aus: Patricia Highsmith, Nixen auf dem Golfplatz. Aus dem Amerikanischen von Anne Uhde. Copyright © 2005 Diogenes Verlag AG Zürich.

Helga Königsdorf, »*Kirchgang*«, aus: Helga Königsdorf, Lichtverhältnisse. © Aufbau-Verlag Berlin und Weimar 1988.

Barbara Krohn, »*Die Weihnachtsfrau*«. Originalbeitrag. © Aufbau Taschenbuch Verlag 2000.

Selma Lagerlöf, »*Ein Weihnachtsgast*«, aus: Selma Lagerlöf, Große Erzählungen. Übersetzt von Marie Franzos.

© 1974 by Nymphenburger Verlag in der F. A. Herbig Verlagsbuchhandlung GmbH, München.

Angelika Mechtel, *»Der Engel auf dem Dach«*, aus: Angelika Mechtel, Der Engel auf dem Dach und andere Weihnachtsgeschichten. © Loewes Verlag, Bindlach 1989.

Brigitte Schwaiger, *»Ein Fisch hat keinen heiligen Abend«*, aus: Weihnachten erleben. 7 ungewöhnliche Weihnachts-Erzählungen. Diana Verlag, Zürich. © 1987 by Autor und AVA-Autoren- und Verlagsagentur GmbH, München-Breitbrunn.

»Man muß sich die Kunden des Aufbau-Verlages als glückliche Menschen vorstellen.«

SÜDDEUTSCHE ZEITUNG

Streifzüge mit Büchern und Autoren:
Das Kundenmagazin der Aufbau Verlagsgruppe erhalten Sie kostenlos in Ihrer Buchhandlung und als Download unter www.aufbau-verlag.de.

aufbau
VERLAGSGRUPPE

Mordsfrauen: Krimis bei AtV

POLINA DASCHKOWA
Die leichten Schritte des Wahnsinns
Keine beschreibt das moderne Rußland so packend wie sie: Autorin Polina Daschkowa ist mit mehr als 16 Millionen verkauften Büchern in Rußland ein Star. Mit den »Leichten Schritten des Wahnsinns« gab sie ihr Deutschlanddebüt.
»Unglaublich dicht und spannend.« BRIGITTE
Roman. Aus dem Russischen von Margret Fieseler. 454 Seiten. AtV 1884

VIKTORIA PLATOWA
Die Frau mit dem Engelsgesicht
Sie wollten die Welt umkrempeln: der begabte Iwan, der angehende Regisseur Nimotsi und ihre Freundin »Maus«. Aber dann stürzt sich Iwan im Suff zu Tode, die beiden anderen lassen sich auf ein gefährliches Filmprojekt ein. Nimotsi wird ermordet. Maus unterzieht sich einer Gesichtsoperation, um besser abtauchen zu können. Als rothaarige Schönheit will sie den Tod ihrer Freunde rächen. Ein schonungsloser, rasanter Krimi über das neue Rußland.
Roman. Aus dem Russischen von Olga Kouvchinnikova und Ingolf Hoppmann. 404 Seiten. AtV 1875

DANIELLE THIÉRY
Der tödliche Charme des Doktor Martin
Nach Fred Vargas, Polina Daschkowa und Liza Marklund ein neuer Star unter den Krimiautorinnen. Thiérys Kommissarin Edwige Marion ist energisch und zerbrechlich, scharfsinnig und emotional, in der Liebe vom Pech verfolgt, außerdem schwanger, von Léo oder Sam, und sie steckt in einer existentiellen Krise. Da hinterläßt ein Unbekannter ein Paar roter Kinderschuhe auf ihrem Briefkasten, Indiz ihres ersten, einige Jahre zurückliegenden Falls, der nie aufgeklärt wurde.
Roman. Aus dem Französischen von Sabine Schwenk. 422 Seiten. AtV 1878

FRED VARGAS
Bei Einbruch der Nacht
Ein Wolfsmensch, so sagen die Leute, zieht nach Einbruch der Dunkelheit mordend durch die Dörfer der provenzalischen Alpen. Der halbwüchsige Sohn eines Opfers und ein wortkarger Schäfer nehmen die aussichtslose Verfolgung auf. Ein urkomisches Roadmovie und eine zarte Liebesgeschichte um die schöne Camille und Kommissar Adamsberg aus Paris.
»Prädikat: hin und weg.« WDR
Roman. Aus dem Französischen von Tobias Scheffel. 336 Seiten. AtV 1513

Mehr Informationen erhalten Sie unter www.aufbau-verlag.de oder bei Ihrem Buchhändler

AtV

Weibliche Spürnasen: Krimi-Spannung bei AtV

REGGIE NADELSON
Das andere Gesicht
Als Betsy am Flughafen in New York auf ein Taxi wartet, nimmt sie ein Fotograf mit und überredet sie, ihr seine Arbeiten zeigen zu dürfen. Widerstrebend läßt Betsy sich auf einen kurzen Besuch ein. Am nächsten Tag steht ein Polizist vor ihrer Tür. Der Fotograf ist ermordet worden. »Ein Thriller um Liebe, Sex und den Schein der ewigen Jugend.« BUCH AKTUELL
Roman. Aus dem Englischen von Wolfgang Thon. 327 Seiten. AtV 2020

LISA APPIGNANESI
Kalt ist die See
Die Journalistin Isabel Morgan ist als eine sprunghafte, unberechenbare Frau bekannt. Doch als sie nicht wie angekündigt in New York auftaucht und auch sonst kein Lebenszeichen von sich gibt, beginnt ihre Freundin Leonora sich Sorgen zu machen. Kurz entschlossen reist sie nach London, um Nachforschungen anzustellen. »Lisa Appignanesis Roman ist genau so, wie ein guter Krimi sein muß: glänzend konstruiert, mit glaubwürdigen Figuren und einem romantischen Touch. Bei der Lektüre wird bestimmt jeder Liebhaberin spannender Unterhaltung warm ums Herz.« ANNABELLE
Roman. Aus dem Englischen von Thomas Haufschild. 413 Seiten. AtV 2016

FRED VARGAS
Im Schatten des Palazzo Farnese
Drei exzentrische Pariser Studenten in Rom werden in einen Mordfall hineingezogen, bei dem es um ein sehr seltenes Mordinstrument geht: den Schierlingstrank. Wer war in der Lage, das antike Gift zu bereiten?
»Es ist unmöglich, von Vargas nicht gefesselt zu sein.« DIE ZEIT
Roman. Aus dem Französischen von Tobias Scheffel. 207 Seiten. AtV 1515

GIL PAUL
Insel der Lügen
Nicola Drew soll als Ärztin mit ihrem Verlobten nach Indonesien gehen, luxuriös untergebracht und gut bezahlt. Doch der Traum vom gemeinsamen Abenteuer platzt jäh, als Nicolas Verlobter ihr den Laufpaß gibt. Schockiert beschließt sie, ihr Glück allein im fernen Osten zu suchen. Doch in Jakarta folgt ein böses Erwachen und Nicola sieht sich als Opfer eines raffinierten Betrugs ... »Ein erotischer Thriller mit enorm viel Tempo!« EVENING EXPRESS
Roman. Aus dem Englischen von Elfi Schneidenbach. 444 Seiten. AtV 2049

Mehr Informationen über die Autorinnen erhalten Sie unter www.aufbau-verlag.de oder bei Ihrem Buchhändler

AtV

Immer wieder lesen: Lieblingsbücher bei AtV

MARC LEVY
Solange du da bist
Was tut man, wenn man in seinem Badezimmerschrank eine junge hübsche Frau findet, die behauptet, der Geist einer Koma-Patientin zu sein? Arthur hält die Geschichte für einen Scherz seines Kompagnons, er ist erst schrecklich genervt, dann erschüttert und schließlich hoffnungslos verliebt. Und als er eines Tages begreift, daß Lauren nur ihn hat, um vielleicht ins Leben zurückzukehren, faßt er einen tollkühnen Entschluß.
»Zwei Stunden Lektüre sind wie zwei Stunden Kino: Man kommt raus und fühlt sich einfach gut, beschwingt und glücklich und ein bisschen nachdenklich.« Focus
Roman. Aus dem Französischen von Amelie Thoma. 277 Seiten. AtV 1836

LISA APPIGNANESI
Die andere Frau
Maria d'Este ist eine klassische Femme fatale. Die Männer umschwärmen sie, sobald sie nur einen Raum betritt – und den anderen Frauen erscheint sie unweigerlich als Rivalin. Als Maria aus New York nach Paris zurückkehrt, beschließt sie, daß die Zeit ihrer Affären vorbei ist. Doch dann begegnet sie dem Mann, bei dem sie all ihre guten Vorsätze vergißt. Zum ersten Mal lernt Maria die wahren Abgründe der Liebe kennen.
Roman. Aus dem Englischen von Wolfgang Thon. 444 Seiten. AtV 1664

KAREL VAN LOON
Passionsfrucht
Der Vater des 13jährigen Bo erfährt zehn Jahre nach dem Tod seiner Frau, daß er nie Kinder zeugen konnte. Diese Entdeckung stellt sein gesamtes Leben in Frage. Die Suche nach dem »Täter« wird eine Reise an den Beginn seiner großen Liebe.
Roman. Aus dem Niederländischen von Arne Braun. 240 Seiten. AtV 1850

NEIL BLACKMORE
Soho Blues
Melancholisch und geheimnisvoll wie ein Solo von John Coltrane, unverwechselbar wie die Stimme von Billie Holiday: »Soho Blues« ist die bewegende Geschichte einer leidenschaftlichen, lebenslänglichen Liebe zweier Menschen, die sich in einem Netz von Abhängigkeit und Verrat, Hoffnung und Desillusion, Liebe und Haß befinden.
»Eine herzzerreißende Lektüre, die große Gefühle weckt.« Osnabrücker Zeitung
Roman. Aus dem Englischen von Kathrin Razum. 286 Seiten. AtV 1733

Mehr Informationen erhalten Sie unter www.aufbau-verlag.de oder bei Ihrem Buchhändler

AtV

Noch mehr Herz als Kopf: Junge Literatur bei AtV

TANJA DÜCKERS
Spielzone
Sie sind rastlos, verspielt, frech, leben nach ihrer Moral und fürchten nichts mehr als Langeweile: junge Leute in Berlin, Szenegänger zwischen Eventhunting, Hipness, Überdruß und insgeheim der Hoffnung auf etwas so Altmodisches wie Liebe. – »Ein Roman voller merkwürdiger Geschichten und durchgeknallter Gestalten.«
DER TAGESSPIEGEL
Roman. 207 Seiten. AtV 1694

ANNETT GRÖSCHNER
Moskauer Eis
Voller Erzählfreude hat Annett Gröschner ihre biographischen Erfahrungen als Mitglied einer Familie von manischen Gefrierforschern und Kühlanlagenkonstrukteuren zu Metaphern für das Leben in deutschen Landen vor und nach 1989 verdichtet.
»Ein wunderbares Debüt.« FOCUS
»Ein unbedingt lesenswertes, witziges Schelmenstück par excellence, leicht wie ein Softeis.« ZEITPUNKT
»Ein von Witz sprühender Roman« NEUE ZÜRCHER ZEITUNG
Roman. 288 Seiten. AtV 1828

SELIM ÖZDOGAN
Mehr
Er ist jung, entspannt und verliebt, aber leider pleite. Als ein Freund ihn als Dialogschreiber für Serien unterbringen will, lehnt er ab: keine Kompromisse. Irgendwann jedoch ertappt auch er sich dabei, Zugeständnisse zu machen. Was ist mit ihm passiert, daß er seine Ansprüche an sich selbst aufgegeben hat? – »Eine Studie über das Scheitern und die grenzenlose Lust (ehrlich und aufrichtig) zu leben.«
JUNGE WELT
Roman. 244 Seiten. AtV 1721

EDGAR RAI
Ramazzotti
Rai lebt ein karrierefreies Leben. Als Barpianist hält er sich über Wasser, ansonsten treibt er mit seinen Freunden durch die Berliner Nächte. Aber dann ist er einmal zur falschen Zeit am falschen Ort; zwar rettet er die junge schöne Mila vor ihrem Vergewaltiger, doch er selbst verfällt der Frau mit den zwei verschiedenen Augen ...
Ein erfrischendes und spannendes Buch über die Liebe und das Leben.
Roman. Originalausgabe. 249 Seiten. AtV 1739

Mehr Informationen über die Autoren erhalten Sie unter www.aufbau-verlag.de oder bei Ihrem Buchhändler

AtV